アルツフルデイズ

ALZ FULL DAYS

笑いと涙の認知症介護

PRESENTED BY

ワフウフ

まえがき

普段からブログを読んでいただいている方、そして初めましての方も、こんにちは。アメーバブログで「アルツフルデイズ」を運営しているワフウフです。

この度ご縁をいただき、フォレスト出版から書籍を出版する運びとなりました。


6年前、毒親だった母の介護はある日突然、始まりました。

しかも、介護のイメージとは程遠い、身体は元気な認知症。

自覚がないから言うことをぜんぜん聞いてくれないわ、気がつけばDV男の父までしゃしゃり出て来るわで怒涛《どとう》の日々が始まりました。


認知症に関する本やネット記事を読み漁《あさ》りました。

でも、どれも「認知症の人を怒ってはいけない。優しく接しましょう」みたいな綺麗事のオンパレード。

いや、もちろんそれが正しいのはわかっているんです。

だけど、わかっていても出来ないから悩んでいるんだよー!!

「患者として認知症を診たことはあっても、認知症の家族の介護はしたことはないだろ!!」

と、偉い先生方の書いた本にためいきをつくこともしばしば（先生方、すみません）。

ワフウフは何の専門家でもないから、小難しい事は書けません。
だけど、介護に真剣に向き合ってしんどさを感じている人の気持ちだけはよくわかると自負しています。

この本が、介護をしている方に手に取っていただいた時に、「あるある!」と笑ってひと息ついてもらえるようなものになることを願っています。
お楽しみいただけたら幸いです。

アルツフルデイズ　笑いと涙の認知症介護

目次

あーちゃんの半生 ＆ 闘病年表

1965	● あーちゃんとたんたん結婚
196X	● なーにゃん誕生
197X	● ワフウフ誕生
1974	● 自宅購入（あーちゃんが3分の2を現金で支払い）
1991	● たんたん一度目の浮気発覚
1992	● たんたん退職
1994	● たんたん二度目の浮気発覚→別居
1994	● なーにゃん結婚により別居解消
1998	● ワフウフ結婚
2007	● たんたん三度目の浮気発覚
	● 別居を理由として海外留学へ
2011〜	● たんたんが年金を占有、生活費をくれなくなる
2014	● たんたん帰国
2012	● あーちゃんが離婚調停を起こす（不調に終わる）

ワフウフの実母。お嬢様育ちで世間知らずだが、お金に好かれる体質を見そめられてたんたんと結婚。散々たんたんに泣かされてもたんたんの改心を願う気持ちが捨てられない。2017年に認知症が発覚。

ワフウフの実父。旧帝大卒、元超一流企業勤めのインテリDV男。お金と自分だけをこよなく愛する。英語・フランス語・中国語・日本語の四ヶ国語を自由に操るクアドラプルリンガル。

- 2013　たんたんが『富の分配』調停を起こす（不調に終わる）
- 2014　6月よりたんたんが月10万のみ年金をくれるようになる
- 2017/2　**あーちゃんの異変に気づく**
- 2017/4　あーちゃんを認知症検査へ連れて行く（2017年3月より認知症治療薬開始）
- 2017/5　スケジュール管理が出来ないため通院への付き添いが必要となる
- 2018/10　より良い治療を求めて認知症専門医の病院へ転院
- たんたんがあーちゃんの認知症に気づき預金を狙い始める
- 2018/12　地域包括支援センターに相談。要介護認定を受ける
- 生活費をくれなくなる
- 2019/1　たんたんが区役所にクレームを入れる
- 預金管理をめぐって警察沙汰にしようとする
- 2019/2　要介護認定結果『要介護2』が出る
- 2019/3　自宅介護サービスの開始を待たずに民間の施設を探し出す
- 2019/4　介護付き有料老人ホームへ入居

主婦、パート事務員、ブロガーの三足の草鞋を履くアラフィフ。優しげな物言いで毒を吐く女。

ワフウフの姉。嘘がつけなくて物言いはハッキリしているが根は優しい。生真面目で面倒見が良い、頼れるあーちゃん介護の相方。

ブックデザイン……山田知子+門倉直美(chichols)
イラスト……ワフウフ
DTP……キャップス
校正……牧野昭仁
企画・編集協力……塚越雅之(TIDY)

プロローグ

涙なしには語れない暗黒の子供時代

子供の頃、両親から「お父様とお母様、どちらが好き？」と聞かれると、迷うことなく「お父様」と答えるくらい私はずっと母が嫌いでした。

父は「一にゴルフ二にゴルフ、三、四がなくて五に仕事、家族は六番目だ！」と公言するような人間だったので、今考えれば、子供時代の私には父を嫌いになるほどの関わりがなかっただけなのかもしれません。

それに対して、母は当時の女性にしては珍しいワーキングマザーで、しかも家族を顧みない非協力的な夫を持った結果、仕事に家事に育児にと一手に引き受けていたためか、とにかくいつも疲れてイライラしていました。

子供らしく母親に甘えようと抱きつけば「暑い！　触らないで！」と振り払われ、しょっちゅう「あなたたちを育てるのなんて義務よ！　可愛いと思った事なんかかない！」と言われ、母の気に障《さわ》ることをしようものなら叩かれたり、1週間でも2週間でも無視をされる毎日でした。

思えばあーちゃんは認知症になる前からしつこい人だったよなー。

タイプの違う両親でしたが、子供の自尊心を潰しても親の権威を振りかざそうとするところや、子供は自分たちの所有物だと思っているような部分はとてもよく似ていました。そのためか、2人とも子供の心の中を思い計ることがまるでありませんでした。

忘れもしない小学校1年生の夏休み。車で家族旅行に出かけた時のことです。運転席に父、助手席に母、後部座席に姉と私が乗っていて、川の横を走っていたところ、母が父に聞きました。

「もしも私となーにゃんとワフウフの3人が川に流されて、1人しか助けられない場合、誰を助ける？」

すると、父は、

「それはもちろんあーちゃんだよ！　子供はまた作れるけどあーちゃんは1人だけだからね！」

と迷うことなく答えました。

親は自分を絶対に守ってくれるものだと疑ったことすらなかった私は、その信頼感が一気に崩れてひどい衝撃を受けたことを覚えています。

それなのに母は後部座席の子供達をまるで気にすることなく、

「もう♡たんたんったら♡」

と、嬉しそうにしていました。

え……それでいいの⁉　あーちゃんはなーにゃんとワフウフが川に流されても良かったの⁉

また、2人は子供に土下座をさせることや、頭を下げさせて自分たちの許可を取らせるのが大好きでした。

あなたたちを育てるのなんてただの義務よ！
暑い！触らないで！
1人しか助けられなかったら誰を助ける？
それはもちろんあーちゃんだよ♡
子供はまた作れるけどあーちゃんは1人だけだからねー
ガーン

小学校5年生の頃だったと思います。

塾の帰りに「今から帰る」と公衆電話から電話をかけた時、恐らく私の背後でどこかの子供が泣いていたとかそんな状況だったのか、私が泣きながら電話をかけたと母が勘違いしてひどく心配をさせたことがありました。

そして、帰宅後食事をしている時に母が「胸が苦しい」と苦しみだし、

「ワフウフちゃんが泣き真似なんかして電話してくるから……」

と言いました。私は驚き、必死で
「私そんなことしていない！」

と訴えましたが、父に、

「ワフウフのせいだ！　悪ふざけしやがって！　土下座をして謝れ！」

と言われ、母のために呼んだ救急車が来るまでの間、玄関のたたきで土下座をさせられたこともありました（母は搬送先の病院で異常が見つからずすぐに帰宅しました）。

私の土下座を返して……。

そんな風に支配されていた子供時代でしたが、逆に手をかけてもらいたい部分には手をかけてもらえませんでした。運動会には誰も来てくれず、毎年お友達家族と一緒にお弁当を食べていましたし、役員をやるのが嫌だったのでしょう、母は町内の子供会に入らなかったので私は登校班にも入れず、いつも1人で通学していました。

避難訓練の時には子供会役員の近所のおばさんに、

「ワフウフちゃんは帰っていいわよ」

と言われ、母が迎えに来てくれるわけではなかったので1人で帰っていました。

また、母の好みではないものは全て禁止されていたため、姉も私もあれだけ一世を風靡した「8時だョ！全員集合」をリアルタイムで見たことすらありませんし、ルービックキューブも持っていませんでした。

買ってはいけないと言われたので、お友達から借りた漫画は破り捨てられました。

よく、大人になってから初めて自分の親が毒親だと気づいたという話を聞きますが、私は子供ながらに窮屈さや理不尽さを感じて母に抵抗しながら育ちました。

遊びに行くといつも家にいておやつを出してくれたり、日が暮れると公園まで迎えに来てくれるようなお友達のお母さんがとてもうらやましかったのを覚えています。

第1章 認知症介護が始まった

突然過ぎて途方に暮れた始まりのはじまり

2017年3月、それは母・あーちゃんからの**「貸金庫にお金が全然入っていないのよ！」**という1本の電話から始まった。

色々複雑な事情があり、実家で父・たんたんと暮らしているあーちゃんのお金に関しては、どこにいくらぐらいあるのかを姉・なーにゃんも私・ワフウフも把握していた。そして、なーにゃんとワフウフで預かっているものも一部あった。

あーちゃんは貸金庫にまとまった現金を持っていたはずだ。それが全てなくなったと言うのだ。それで、お金が必要だからワフウフが預かっているものからお金をおろしたいと言うのであーちゃんと会うことになった。本人のものなのだから、あーちゃんのお金をおろすのはもちろん構わない。だけど、どうして貸金庫の現金がなくなってしまったのか？　貸金庫のお金を取り出せるのは本人だけなのに……。

「貸金庫にお金がない」「どうしてないのかわからない」と繰り返すあーちゃんに、ワフウフが「〇〇に××があるでしょ、□□に△△があるでしょ」

と、ひとつずつ預金やお金のある場所を確認していると、

突然あーちゃんが、「そうだわ、言っておかなくちゃ！　もしも私に何かあった時のために、××に〇〇円くらい置いてあるからね！」と、言い出した。

それは、それまでなーにゃんもワフウフも把握していなかったお金で、しかも、**貸金庫に入っていたお金とほぼ同額だった……。**

絶対それ、貸金庫に入っていたお金でしょ！

しかし、本人に何度確認しても貸金庫には行っていない、現金を動かしていないの

一点張り。

その日はとりあえずワフウフが預かっていたあーちゃんの預金からお金をおろして渡し、あーちゃんはそれで満足したようだったが、どう考えても本人が貸金庫からお金を家に持って行ったとしか思えず、それをまったく覚えていないのだとしたらあまりにもおかしいのではないかとワフウフは不安でいっぱいになった。

ワフウフはすぐさまなーにゃんに相談した。実は、あーちゃんと会った日、貸金庫のこと以外でもあーちゃんがおかしいことがいくつかあったのだ。

①同じ話を何度もする。

昔から父への愚痴は同じ話を何百回も聞かされてきたけれども、この日は話し終わったと思ったら全く同じ内容の話を全く同じフレーズで話し出したのだ。それも2、3回どころじゃない回数で。

ランチをしている時、隣のテーブルに座っていた人がちらちらとこちらを見るくら

貸金庫に入れて
おいたはずの
お金がない
のよ!!
そういえば酷いのよ、
この前Kさんがね…
(10回目)
う…
うん…

い、**壊れたレコードのようにあーちゃんは同じ話を繰り返し話した。**

②自分が今いる場所がわからなくなった。

「ここって○○駅の××デパートよね？」と、まるで違う場所を言い出した。

③バイバイをしたときに、駅構内で「わたし、どうやって帰ればいいの？」と途方に暮れてしまった。

何度も来たことのある駅で、行きは1人で来られたのに。

いや、こっちが途方に暮れるよね。

正直に言うと、その日よりもずっと前からあーちゃんに対して「？」と思うこともあったのに、何度も「疲れているのかな」とか「まさかね」とか、目を逸らしてしまっていた。

だけど、その日はさすがに目を逸らせないくらいにあーちゃんはおかしかった。

とはいえ親が認知症なのではないかと思ったとき、どうやって病院に連れて行けば良いのだろう。


あーちゃんは自分が若く見えることに絶対的な自信を持っていて、

それはそれはプライドが高いのだ。

若見え
命

抵抗はされなかったけど……何しに来たの!?

実際にあーちゃんの様子を見ていないなーにゃんは半信半疑だったが、ワフウフとなーにゃんは話し合って出来るだけ早いタイミングであーちゃんに認知症の検査を受けさせようと決めた。

だけど**認知症の検査が何科の病院で出来るのかすらもよく分からなかった。**ネットで色々調べてみたら**「老年科」「物忘れ外来」「脳神経外科」**などがあった。

でも、プライドの高いあーちゃんをどう言いくるめて認知症検査に連れて行けばいいのだろう。これもネットで調べたら、やっぱり本人が断固として拒否するので病院に連れて行くことが出来ないというお悩み相談がたくさん出てきた。

うーん。やっぱり、みなさんそうだよねえ。

「認知症の検査」だなんて言ってしまったら、あーちゃんも断固として病院行きを拒否するだろう。

「認知症の検査」と言わなくても、「老年科」「物忘れ外来」という名前の場所に連れて行かれるだけでひどくプライドを傷つけてしまいそうだ。何しろ本人はまだまだ若見えする事に自信満々だからね。

そして、プライドを傷つけてしまったら二度と同じ場所を受診しないだろうし、ワフウフとなーにゃんのことも警戒して避けられてしまいそうだ。

ワフウフとなーにゃんはじっくりと策を練り、あーちゃんに「健康で長生きして欲しいから脳ドックをプレゼントするよ！」と言ってみた。

あーちゃんは糖尿病なので健康診断は定期的に受けているが、脳ドックは受けたことがなかったのだ。

おかげさまであーちゃんは喜んでプレゼントの脳ドックを受けに行くと言ってくれて、「あなた認知症ですよって言われちゃったりしてね！」と、冗談まで言っていた。

元気で長生きをして欲しいから
ドキドキ
あーちゃんに脳ドックをプレゼントするよ！

いや、それ、冗談になりませんから。

じっくりと策を練っている間に、きっかけとなった日から脳ドックを受けるまでひと月ほど時間がかかってしまったが、病院へスムーズに連れて行く段取りはついた。

そして**2017年4月某日。**いよいよ待ちに待った、あーちゃんの脳ドックの日。病院の最寄り駅でワフウフとなーにゃんとあーちゃんで待ち合わせしたのだが、顔を合わせるなりあーちゃんが放った言葉は……

「今日はみんなで何の集まり？」

脳ドックって約束したのに……！　忘れちゃったの⁉︎

そして、その日あーちゃんは、きっかけの日にワフウフが買ってあげたスカートをはいてきていたのだけど、

「このスカート素敵でしょ？　いくらだと思う？　○×で980円！」

地元の店であーちゃんが自分で買ったことになっていたよ……。

まあいいのよ、買ってあげたといっても、ファストブランドのお値下げ品だったので実はもっとお安かったのでね。

ワフウフはあーちゃんの話を訂正したが、駅から病院へ向かう10分弱の間、あーちゃんは何度も何度も「このスカート素敵でしょ？　いくらだと思う？　○×で980円！」と、繰り返した。

そしてワフウフも訂正を繰り返した。

ワフウフとなーにゃんは目配せを交わし合いながら、どんどん暗い気持ちになっていった。これはもう、認知症検査を受けるまでもなく……。

おまたせ〜！
今日はみんなで
何の集まりなの？

このスカート
素敵でしょ？
いくらだと思う？
だから…そのスカート
この前私が買ってあげた
ヤツじゃん！

やっと認知症の薬を処方してもらえると思ったのに……

あーちゃんには脳ドックとだけ言って予約したが、実は申し込んだのは「脳ドック＋認知症スクリーニングテスト」だった。オプションで認知機能テストもつけたのだ。本人には「セットになっているんだって、親切だねえ」と説明して誤魔化したよ。

病院に着くとすぐに看護師さんに案内されてあーちゃんは奥へと消えた。あーちゃんの検査が終わるまで、待合室でしばし放心するワフウフとなーにゃん。認知症の症状がひどく出ているあーちゃんを初めて見たなーにゃんは、激しいショックを受けていた。

小一時間であーちゃんの検査は終わり、その後先生に呼ばれ、「特に大きな問題はありません。歳なりの動脈硬化や萎縮はありますが」

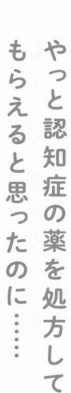

と、言われた。しかし続けて言われたのは……

「ただ……**長谷川式認知症スケール**はちょっと低めですねえ」

長谷川式認知症スケールで、30点満点中あーちゃんは22点だった。

これは本当に微妙な数字で、**21点以下は軽度認知症、20点以下ならば認知症の可能性がある**そうだ。正直言えばワフウフとしては、あーちゃんがこんな状態でも軽度認知症ですらない事に驚いたんだけどね。

先生が仰るには、あーちゃんは長谷川式認知症スケールの質問の中で、今日の日付けを答えられなかったのと、時計の絵が描けなかったらしい（短針と長針が逆転した、円グラフみたいな時計を描いたようだ）。

ちなみに、アルツハイマー病によくみられる内側側頭部の脳萎縮もやや見られたよ。テストも萎縮も中途半端な状態のあーちゃんに、先生も診断をつけかねている感じで、**「ご家族の方は何かお困りのことはありませんか？」**と聞いてきた。

え？　あーちゃんの前であーちゃんがおかしい話をしろと⁉

とっさにワフウフがあーちゃんをトイレに誘って診察室の外に連れ出し、なーにゃんが先生に最近のあーちゃんの様子のおかしさを訴えた。どう考えても今までと違っているし、認知症自体は治せなくても進行を遅らせるために薬を飲ませたい！

結局この日は、脳には顕著な問題はなくても血糖値異常だったり梅毒を持っていたりすると認知機能が低下することがあるため、次回に血液検査をして結果が出てからこれからのことを判断しましょうと先生に言われた。

そして次回の予約を入れて病院を後にしたのだが、それからが大変だった……。

「ねえ私、どこかおかしいの？」

あーちゃんは自分がいない所でなーにゃんが先生と話した内容をしきりと聞き出そうとし、涙目でこう繰り返したのだ。

帰り道も、お昼を食べながらもずっと。たぶん20〜30回は繰り返したと思う。

どこかおかしいって……そういうところだよ。

「どこもおかしくないよ！」って言って欲しいんだろうことはよくわかるけど、実際「おかしい」と思って検査に連れて行ったわけで。

涙目のあーちゃんを「血液検査してみないとまだ分からないんだから！」とひたすらなだめ続けるしかなかった。

後日、血液検査を受けに行き、さらにその1週間後結果を聞きに脳神経外科へ行った。

ねえ私…
どこかおかしいの…？

血液検査は血糖値はかなり高いが糖尿病治療中なので仕方ない、他はおおむね問題なしという結果だった。

「何か困っていることはありませんか？　物忘れとか、失くしものが多いとか」

先生は脳ドック後の診察の際、なーにゃんからあーちゃんが最近おかしい、という話を聞いてわかっているので、なんとなーく薬を処方する方向に話を持って行こうとしてくださったのだが……あーちゃんは、

「全くございません！　おほほほほ！」

おほほじゃねえし！
困ってるのはこっちだっつーの！

実はあーちゃんは、脳ドックの時に持って来てねと言ってあった保険証を忘れたし、その後も公的機関の手続きに必要だったマイナンバーカードを作ったのか作ってないのか、あるならどこにあるのかわからなくなっていた。

困ってるじゃん……。

「特に自覚はないようだけど、ご家族も心配されているし、お薬を飲んでみますか？」

と、先生が優しく誘導してくれても、

「いいえ、必要ございません！」

薬断るし！

何のために骨を折ってここまで連れて来たと思ってるんだ!!!

埒《らち》が明かないのでここでなーにゃんがピシリとひと言。

「薬飲んで欲しい！」

ショックを受けた様子で怯《ひる》むあーちゃん。

ワフウフたちのやりとりを見ていた先生が糖尿の薬との飲み合わせも考えてみましょうか、と言ってあーちゃんのお薬手帳を見てくださった。すると！

「糖尿病の病院で認知症の薬、すでに出されていますよ」

えっ⁉　ど、どーいう事⁉

先生に促されてあーちゃんのお薬手帳を見てみると、確かにそこには**「アルツハイマー型・レビー小体型治療薬」**の文字が……！

処方箋のシールをお薬手帳にちゃんと毎月貼ってないから確認が出来ないけれど、1月には処方はないが3月には処方されている。

「そんな薬が出ているの？　どうしてかしら、わからないわ！」

あーちゃんはなぜ認知症治療薬が処方されているのかも、いつから処方されているのかもわからないと言うが、何の検査も説明もしないで認知症の薬を処方するなんてありえないはずだ。

また、今までは処方薬だけで治療していた糖尿病で、インスリン注射が処方されて

全くございません!!
おほほほほほほ

いた。それなのに本人は自分で注射を打っていないと言うのも気になった。

やっと認知症の検査を受けさせて、治療を始められる！　と思ったらすでに治療薬を飲み始めていたという、よくわからない状況に困惑するなーにゃんとワフウフ。

脳神経外科の先生は「糖尿病の病院で認知症の薬を出してもらえるなら、その方がご本人のご負担が少ないでしょうからそうしてください」と言ってくださった。

そして、

「お母さんが薬をちゃんと飲めているかも確認した方が良いですね」

と、付け加えた。


投薬管理も出来ていないかも、ってこと？

確かに、認知症治療薬が処方されていることにも気づかないなんて、おかしいかもしれないな。希望的観測だったかもしれないけれど、あーちゃんは軽度認知障害くらいの状態で、治療薬を飲んで今の状態をなんとかキープしてもらって……と思っていたのだが……もうそんな状態じゃない!?　と愕然とした。

あれ!?
糖尿病の病院で認知症の薬が既に出されていますよ？

真相がわかってめでたしめでたし……とはならなかった

2017年5月某日。

脳神経外科にて、すでにかかりつけの糖尿の病院で認知症の薬が処方されているという事実がわかった2日後、ワフウフとなーにゃんは月1回の検査と診察を受けるあーちゃんに付き添って糖尿病の専門病院へ行った。


あーちゃんは認知症の話をされることをなんとか阻止したい構えで、

「どうして一緒に来るの？　わざわざ来てくれなくても私ひとりで大丈夫よ！」

と、険しい顔で何度も抵抗したが、

「薬のことは命に関わるから心配だもん、一緒に行って確認させて！」

と、**「心配」**という言葉を盾にしてなんとか強行突破したよ。

あーちゃんの担当の院長先生は、あーちゃんとはもう10年来のお付き合いだけど、お会いするのは初めてだった。

院長先生は突然現れたワフウフたちを見てちょっとびっくり。

「あーちゃんさんのお嬢さんたち？　今日はどうしました？」

毎月の検査結果を聞き、その後、まずは聞きやすいインスリン注射のことから聞いてみた。最近数値が思わしくないので週1度の注射を勧めたが、本人が、

「週1で病院に来るのは大変だから！」と断ってしまったらしい。**↑オイ！**

単純に病院のミスだったようだ。

ようやく事実がわかったので、まずは薬で数値が治まらない状態なのだから、通うのが大変とか言っていないで身体のために週1のインスリン注射を受けなきゃ！　と説得して、あーちゃんに了承させた（と言うか、本人には注射を断ったという認識も記憶もなかった……）。

その後、肝心要の認知症治療薬の話を。

あーちゃんに抵抗されると話がスムーズにいかないと思ったので、診察が終わった流れで挨拶しながらワフウフがあーちゃんを診察室の外へ連れ出し、なーにゃんは診

察室に残ってそのまま院長先生とお話しするという形で実行することを事前に決めておいた。

診察室からあーちゃんを連れてワフウフが出て行った後、なーにゃんは、あーちゃんが脳神経外科で脳ドックと認知機能テストを受けた話をして、その結果認知症の薬を処方してもらおうとしたらすでにこちらで処方されていたのでびっくりして今日こちらに伺ったこと、今までの経緯を教えてほしいと院長先生に話した。院長先生は、

＊様子が気にかかったので認知症の検査をした。
＊その結果、認知症治療薬を3月より処方した。
＊もちろん、本人には説明した。
＊その際、家族の連絡先を教えてもらおうとしたが、本人が頑として教えなかった。

と、教えてくれた。

あーちゃんがインスリン注射を断ったり、家族の連絡先を教えなかったりと色々失

礼なことをしてしまっているのでなーにゃんが、
「母がご迷惑をおかけして申し訳ありません」
と言うと院長先生はさらりと「あーちゃんさんはお上品ですけど頑固ですもんね」
とおっしゃった。

うん……そうなの。あーちゃんって慇懃《いんぎん》無礼なうえに頑固なの……。

あーちゃんは今までたくさん院長先生を手こずらせてしまったのかなあ。ごめんなさい。

その日は今後何かあった時に連絡がつくようになーにゃんの連絡先を病院に渡しておいた。

その頃、診察室の外では、「私抜きで何を話すの!?」と、食い下がるあーちゃんにワフウフは手こずっていたのだった……。

あーちゃんは自分がこの病院で認知機能テストを受けたことも、薬を処方されたことも覚えてないから、脳ドックの話をされたくなくて必死だったのだろうね。

院長先生はあーちゃんが認知症だと娘たちより早く気づいて薬の処方をしてくれていたのに、あーちゃんにはその記憶がないからねえ。

あーちゃんは本人がわかっていない（認めていない）にせよ、認知症の薬を飲み始めていた。認知症に気づいてくれたのも、認知症の薬を出してくれているのも、糖尿病の病院だ。10年以上通っているからスタッフさんとも顔見知りだから、いままで月に1度通院するだけだったのが週1度通院することになって、頻回に通院するからスタッフさんもあーちゃんを気にかけてくれるだろうし、しばらくはこれで様子見かなと、勝手に思っていた。

習い事のダンスのレッスンに週に2回通い、ときどきお友達と会ったりしながら、なんとかこれまで通りの生活を続けられるかなと思っていたのだ。

今までよりマメに連絡を取ったり会ったりして、注射はちゃんと通っているか、お

薬や注射は命に関わるから心配だもん！　一緒に行って確認させて！
どうして一緒に来るの？わざわざ来てくれなくても私一人で大丈夫よ！
週1回のお注射が必要？左様でございますか！
でもアタクシ、通院が大変ですので遠慮させていただきますわ！

薬はちゃんと飲めているか確認して、それで大丈夫だろうと。

あーちゃんは明らかに認知症の症状が出ているけど、お薬を飲めば進行は抑えられるだろうと楽観視していたのかもしれない。

だけど、糖尿病の病院に話を聞きに行った数日後、あーちゃんがひとりで注射をしに行った日に看護師さんからなーにゃんのスマホに連絡が入り、

「もうおひとりでの通院は無理だと思います。どなたか付き添いをお願いします」

と、言われてしまった。

えーっ⁉　そんなにダメなの⁉

ここから、週に1度のあーちゃんの通院付き添いが始まった。

わからなくなる前にと思ったが時すでに遅し

2017年7月13日。

基本的に病院の付添いにはなーにゃんとワフウフがひとりずつ代わりばんこに行っていたが、その日は2人で行った。あーちゃんにお金の話をするために。

あーちゃんは色々な銀行にちょこちょこ預金があり、その当時すでに管理しきれていなかった（金利の良い他の銀行に預金を移したあとも、元の銀行に預金があると思っていたり）。認知症と診断されてからは日が浅いけど、思った以上に状態が悪いあーちゃん。しょっちゅうあれがない、これがないと騒いでいて、いつも何かを探しているような状態だったので、あまりあちこちに預金を持っているより、もう少しまとめた方が管理しやすいのではないかとワフウフとなーにゃんは思ったのだ。

そして、どうせ金利も恐ろしく低いし、普通預金にしておいた方が勝手が良いのではないかと思った。もしもあーちゃんが急に倒れたり身動きが取れなくなるようなことがあった時には代わりにお金を引き出しに行ったりも出来るしね。
あーちゃんはワフウフたちの提案に幸いすんなり納得してくれたので、次回の注射の日である20日、病院の帰りにあーちゃんの自宅の最寄り駅にある銀行をふたつ回って、証書や定期預金を普通預金にまとめることにした。

そして約束の7月20日。
病院で注射を済ませたあと、銀行を回るために、ふたつの銀行分の通帳や証書などを持ってきたかあーちゃんに聞いた。すると……

「それがねえ……見つからないのよ……」

ああ、やっぱりもう、ダメだったか。
いつもいつも、何かを探している状態のあーちゃんだから、通帳をまとめて少なくして管理しやすく……と思ったけど、まとめるも何も、手持ちの通帳も証書もすでに見つけられなくなっていた。

7月26日。

なくなった通帳や証書を探すために実家に行った。あーちゃんの部屋へ行き、ドアを開けて言葉を失った。

いつもきちんと整頓されていたあーちゃんの部屋がひどく雑然としている。

もう7月も終わりだというのに、カーテンレールに冬物のコートを掛けっぱなし。それも、ひとつのハンガーに何枚ものコートがぐちゃぐちゃに重ねてかけてある。クローゼットは開けっ放しで山のように洋服が積み重なっている。

ベッドの枕元には薬の袋。でも飲みかけだったり、丸々飲んでない分包の袋も散らばっている。

鏡台にもあちこちの棚にも、新聞の切り抜きや広告、請求書、病院の薬の明細書やレシートが置かれ、引き出しもぐちゃぐちゃに何でも突っ込んである。明らかに使用済みのティッシュやマスクまであちこちから出てくる。

押入れにも天袋にもベッドの下の収納にも、物凄い数の5箱組のボックスティッシュがこれでもかってくらい入っている。

ああ、あーちゃんはやっぱり認知症なんだなと改めて思った。

要るものと要らなそうなもの（ずいぶん前の広告とか）を分けて整理しながら、大事な物をしまいそうな場所を探した。

黙々と部屋で動き回る娘たちを見ていたあーちゃんが不思議そうに言った。

「……あなたたちは何を探しているの？」

忘れちゃった!!　2週に渡って家に通帳を探しに行くことを説明して来たのに、ワフウフたちがどうして家に来たのか、あーちゃん忘れちゃったよ!!

6畳ほどのあーちゃんの部屋をワフウフとなーにゃんの2人掛かりで整理しつつ、3時間ほどかけて通帳を探したのだが、その間あーちゃんに何を探しているのか4回聞かれたよ……。

…あなた達は
何を探して
いるの？

通帳って
これのこと？

A銀行の証書を見つけることは出来なかったがA銀行の通帳が出てきた（この存在は知らなかった）。

B銀行の通帳はなんと、あーちゃんがいつのまにかどこからか持ってきた。

「通帳ってこれのこと？」

見つからないんじゃなかったのかーい！

存在を知らなかったC銀行の通帳と、たんたん名義のC銀行の通帳も出てきた。

ゴミに混ざって無造作にいくつも置かれていた封筒に入っていた現金はかなりまとまった額になった。どう考えてもあーちゃんが自分で封筒を置いた場所を把握しているとは思えなかったので、せめて3つくらいにまとめようとしたのだけど、何故だかまとめることをひどく嫌がるあーちゃん。

「そのままにしておいて！　わからなくなっちゃうわ！」

あっ

そのままにしておいて！わからなくなっちゃうわ！
それは捨てないで!!
それはまだ使うわ！

もうとっくにわからなくなってるじゃん!!

期限切れのサービス券や何ヶ月も前の広告など、要らないであろう物を捨てようとしてもいちいち「捨てないで!」「それはまだ使うから」と血相を変えて抵抗する。

認知症あるあるだなあ……。

あーちゃんが認知症だってわかっていても、なんだかガックリ来る。


部屋の状態からいっても、もう複数の通帳の管理を出来るような状態ではないと判断して、なーにゃんがA銀行とB銀行の通帳を預かることにして持ち帰り、C銀行の通帳をあーちゃんに自分で管理してもらうことにした(あーちゃんが拒みそうだったので、「定期預金の満期が近いのでそれを待って普通預金に変えに行こうね、忘れないように預かっておくね」と説得した)。

預かってもダメ、預からなくてもダメ

家探しの翌日、2017年7月27日。

病院で注射の日はなーにゃんが付き添ってくれた。

前日は遅くなりバタバタと実家を後にしたため、あーちゃんには口で説明しただけでA銀行とB銀行の通帳を持ち帰ったのだけど、あーちゃんはきっとそれを覚えていられないだろうからと、なーにゃんはあーちゃんに「A銀行とB銀行の通帳はなーにゃんが預かっています」と書いたメモを渡した。

その1週間後の8月3日。病院で診察と注射の日。

「A銀行とB銀行の通帳がなくなったのよ」

と、あーちゃんが言い出した。

うわ〜。メモも渡したのにやっぱり覚えていられないいか。

なーにゃんが前の週に渡したメモも持ってない、覚えていないと言う。そもそも預けたという記憶もないと言う。

通帳はなーにゃんが持っている、定期預金から普通預金に変えるため、と繰り返し説明したんだけど、やっぱり翌日に電話がかかってきた。

「A銀行とB銀行の通帳がなくなったのよ!」

しかも、今度は自分で持っているはずのC銀行の通帳までないと言う。

通帳を預からなくても預かっても、どっちにしてもダメじゃん……。

その後、あれだけ何度もなーにゃんがA銀行とB銀行の通帳を預かっていると説明したのに、あーちゃんのバッグには「再発行」という判が押されたB銀行の通帳が入っていた。

ワフウフたちの繰り返しの説明は記憶に残らず、通帳がないから再発行しなくちゃ、と思ってしまったらしい……。C銀行の通帳はまだ見つからず。

どう考えても自分で通帳を管理できる状態ではないのに、

「A銀行とB銀行の通帳、自分で持っていたいの！」と、言い出した。

この日はそれをうやむやにしたまま、再発行されたB銀行の通帳を預かって別れた。

8月31日。糖尿病の検査受診注射の日の朝、

「A銀行とB銀行の通帳を持って来て！」

と、なーにゃんに電話があった。

そういう事だけはしっかり覚えていて、「通帳持って来た？　返して！」と言うので、通帳を預かるまでの経緯を説明して、

「もう通帳の管理は無理だよ！」とハッキリ伝えた。

「趣味のダンスだけでもお金がかかるのよ！　お金は自分で持っていたいわ！」

と険しい顔で食い下がられたが、部屋にまとまった額の現金があったことや、必要な時は預かった通帳からお金を下ろして渡せると説明して納得してもらった。……が、

もちろんそれで終わらないのよ。

A銀行とB銀行の通帳が
失くなったのよ!
趣味のダンスだけでもお金がかかるのよ!
お金は自分で持っていたいわ!
もうあーちゃんに通帳の管理は無理だよ!!

取り憑かれたような電話に涙した1日

あーちゃんは2017年9月、76歳になった。

数えで77歳なので、なーにゃん家とワフウフ家で喜寿のお祝いをすることにした。あれよあれよと言う間に、色々なことがわからなくなってきてしまっているあーちゃん。少しでも記憶が残るうちにお祝いをしようと思ったのだ。

2017年9月18日、場所は横浜中華街。

喜寿のお祝いの食事会の時、あーちゃんはみんなの手前朗らかにしていたが、ちょっと調子が悪そうな顔つきに見えた。そして、その印象は正しかった。

実は食事会の前、なーにゃんはあーちゃんと待ち合わせて一緒にレストランまで来たのだが、その道中からひどかったらしいのだ。

「残高不足で引落しが出来ない」「21万振り込まなくてはならない」「水道の修理代がいる」→だから、A銀行とB銀行の通帳を返してくれ、と強く主張していたらしい。

でも、残高不足については、あーちゃんの通帳にはどの銀行にもそれなりの残高があり、物凄い高額商品でも購入していなければ引落し出来ないわけがないし、そもそもあーちゃんは何の引落しかがわからないと言う。

21万の振込も、何のお金をどこに振り込むのかがわからないまま振込をしなければいけないと言い張る。水道の修理も、何が壊れていくらかかるのか、説明出来ない。話が平行線のまま食事会の会場に着いたので、うやむやなままで終わったのだけど。

食事会の夜、あーちゃんからなーにゃんに電話がかかって来た。物凄い喧嘩腰で。

「とにかく通帳を返してちょうだい！」

あーちゃんがお金が必要だからと言っている内容も全然わからないことばかりだし、いくら色々説明して「もう管理できないでしょう」と言っても、

「何が出来ていないのかわからない‼」

喜寿

と物凄い剣幕だったらしい。

そして、それをきっかけに18日の夜から19日の夜にかけて一日中喧嘩腰でひたすら通帳を返せという電話の繰り返し。

何度説明してもなだめすかしても、その電話自体を忘れてしまうのか、また電話があった時には1からのスタートとなってしまい、なーにゃんは辛くて涙が出たそうだ。

うう……なーにゃん！

幸いというかなんというか、19日の夜、最後に電話があった時には戦闘モードが解除されて穏やかモードになっていたらしく、通帳はこのまま預かるけど、引落しや振込の件は、翌日20日の糖尿病の注射の時に、付き添いのワフウフに明細を持ってきて見せてね、といったらすんなり受け入れてくれた。

そしてなーにゃんが、

「あーちゃんが朝から何度もすごい喧嘩腰で電話してきて、悲しかった」

と言ったら穏やかモードのあーちゃんは、

「あらそうだったの？　それは悪かったわねえ」

と言ったそうだ。

記憶がなくなるって怖い……。

戦闘モードと穏やかモードの差ってなんなのだろう……。

あーちゃんは攻撃の記憶をなくしたが、なーにゃんのパワーは相当削られたのだった。

そして、通帳返せの電話攻撃を耐え抜いたなーにゃんだけど、電話攻撃の翌日、通院付き添いの時に、あーちゃんはまた「なーにゃんちゃんに通帳を返してもらわないと！」と言っていたよ……。

まだまだ続くのね、これ。

何が出来ていないのかわからない!!
わからない!!

またあーちゃんから電話だ…もうイヤ…!

メモをとったからといって安心は出来ない

あーちゃんの認知症がわかってすぐの頃は、とにかくメモを残すことでなんとか本人の記憶を補ってもらおうとしていた。

本人も、決して認めようとはしなかったが、記憶力の低下を多少は自覚していたのか、スケジュール帳を持ち歩いて事あるごとにメモを取って忘れないように努力していたように思える。

しかし、せっかくスケジュール帳に毎週木曜日「病院で注射」と書き込んであっても、病院に実際に行ったのか行ってないのかの記憶の方がなくなってしまう。

だから、病院に行った翌日とか翌々日とかに、

「どうしましょう、手帳に病院って書いてあるけど行ってないのよ！」

という電話がかかってくることが度々あった。

病院に行った記憶がないということは、ワフウフたちが付き添った記憶もないってことなんだよね。がっくり。

それでも、そういう電話をかけてしまったという記憶はうっすらと残るのか、「おかしいのよね、病院のことはわからなくなっちゃうのよ」と、言い訳。

記憶がなくなるという記憶はあるらしい。

しかし、

「他のことではぜんぜんそんなことはないけどね！」

結局こう締めくくり、自分の記憶力が低下していることを認めることはない。

あらぁ!?
もう書いてあるわ!?

でも、病院でメモを取ったのに、その数分後にまた同じメモを取ろうとして、

「あら!? もう書いてあるわ!?」

と驚くのを目の前で見ていたら、本人は認めなくても、こちらは嫌でもあーちゃんの記憶力の低下を認めざるをえなかった。

不思議なことに大概、記憶しておいてほしいことは記憶から消され、記憶してほしくないことだけは記憶に残るんだよね。認知症の人って、嫌なことをされたこと自体は忘れても、嫌なことをされたという気持ちだけは残るっていうし。

なのに、自分が相手を嫌な気持ちにさせたことはすっかり忘れちゃうんだから病気とはいえズルいよなーと思ってしまう。

いつでもどこでもトイレ祭開催

あーちゃんは元々トイレが近かった。

しかも、膀胱炎になりやすいので、気をつけてまめにトイレに行くようなところもあった。ところが、認知症になってからますますトイレが近くなった。

どれくらい近いかというと……お店を出る前にあーちゃんがトイレに行き、あーちゃんが戻って来たらあーちゃんと入れ違いになーにゃんがトイレに行き、なーにゃんが戻ってきたらまたあーちゃんが「トイレに行ってくるわね」っていうくらいエンドレス。

必要なものを買うためにスーパーの2階に行くだけでも、
B1でトイレ↓2階へ移動してトイレ↓2階で買い物（10分）↓2階でトイレ

って感じにトイレばかり行ってなかなか買い物まで辿り着かないし、買い物が済んでもなかなか帰れない。

段々これはいくらなんでも変じゃないかと思うようになり、ネットで調べてみたら**認知症患者の頻尿はよくあるのね。これは身体の問題ではなく、**

トイレに行った記憶がなくなってしまうから。

記憶がなくなってしまうから、周りがいくら「さっきも行ったよ！」と言っても本人は不安になってしまうようだ。もしかして……ワフウフたちの知らないところであーちゃんはお漏らししてしまったことがあるのかもしれないな。

そんなに心配ならばと尿もれパッドを勧めても、

「いいの！　大丈夫！　必要ないから！」

トイレに行って来るわね！
え…また？

と、抵抗したあーちゃんだったけど、通帳を探しに家に行った時、部屋のあちこちから尿もれパッドがたくさん出て来たんだよ。

本人はあくまでも認めないけど、やっぱりお漏らしが不安なんだね。

ただ、せっかく尿もれパッドをつけても、尿もれパッドをつけてることも忘れちゃうのかトイレに行きたがる回数は結局あまり減らないんだよね……。

それでも、自分でトイレに行けるだけまだマシなんだけどさ。

悲しみに暮れた葬式……って誰の葬式!?

あーちゃんが認知症になってまもなく、突然の不幸があった。あーちゃんの6歳下の妹・えっちゃんが救急車で病院に運ばれ、数日後に亡くなったのだ。

お葬式を執り行った斎場は、あーちゃんの家からは2時間半以上かかる遠い場所。しかも行きにくく、電車を5本も乗り継いで行かなければならない。元々方向音痴で知らない場所に不安を覚えるあーちゃんは、さらに悲しみと疲れもあり、フラフラになってしまった。

お葬式は平日の昼間だったこともあり、身内だけでこぢんまりと執り行った。あーちゃんは5人兄弟なのだが、長兄だけは葬儀に参列しなかった。事情はよく知らないが、長兄は兄弟たちとの縁を切っているらしいのだ。

それでも、もしかして妹の葬儀くらいには顔を出すのではと思っていたのだが（連絡は入れたらしい）、やはり姿を見せなかった。

お葬式の帰りになーにゃんとワフウフが、

「おじさん来なかったねえ」

「お葬式くらいは来るかと思ったけどねえ」

と話しているとあーちゃんが、

「冷たいわよねえ、自分の母親の葬式にも来ないなんて！」

……はい？？？　今、なんて？？？

母親⁉

「え？　誰が亡くなったの？」

と聞くと、当たり前のように

「お母さんでしょ」

と言うあーちゃん。

お兄ちゃんって冷たいわよね
自分の母親の葬式にも来ないなんて！
…え？
誰が亡くなったの？
お母さんでしょ！

おばあちゃんは20年以上前に亡くなっているのだが。

「今日は誰のお葬式だった？」

「ほら、この間お見舞いに行ったよね？」

と、何度もしつこく聞いたら、

「……えっちゃん？」

と、最後には自信なさげに答えたが、誰の葬式だか分からなくなるって……、

これ、疲れていて頭が
上手く回らないとか
そういうレベルじゃないよね？

調子が良い時と悪い時の差が激し過ぎる

2017年5月14日は母の日だった。

なーにゃんもワフウフも、お花が好きなあーちゃんに毎年鉢植えを送っている。

ワフウフはその年、あーちゃんの体調が悪そうだったのでお花のお手入れもしんどくなるかもと思い、使うかわからないけどハンドクリームとボディクリームのセットにした（だってあーちゃんの肌、カッサカサなんだもん！）。

そして10日に病院へ付き添ったときに

「はい！　母の日のプレゼント！」

と渡したら、とっても調子が良かったあーちゃんは、

「毎週病院へ付き添ってくれて、おかずも持って来てくれて、それだけでもう充分なのに……」

と涙ぐんでしまった。

凄い、なんかめちゃくちゃまともなこと言ってる！　ワフウフはびっくり。

でも、素直に喜んでくれたのは嬉しかった。

だけど一方で、なーにゃんは鉢植えを配送したのだが、いつも来るお礼の電話が来ない。後日会った時に、

「母の日にお花送ったんだけど届いた？」

と聞くと、

「お花……？」

と、わからなそうな顔をするあーちゃん。

そして、

「そういえば私の部屋にお花が置いてあったわね……」

と考え込み、

「誰が私のお部屋にお花を置いたのかしら⁉」

と、ビックリ。

毎週病院に付き添ってくれて、おかずも持って来てくれて、
それだけでもう十分なのに…！

？
誰が私のお部屋に
お花を置いたのかしら!?

あーちゃんに決まってるでしょ！

あーちゃんの部屋には鍵があって、たんたんは勝手に入れないのだから、どう考えてもあーちゃんが自分で部屋にお花を置いたんだよね？

「せっかくお花を送ったのに……」と、なーにゃんガッカリ。

まあ、ワフウフがあげたハンド&ボディクリームも、今はもうどこにあるかわからないけどさ。


調子が良い時と良くない時で、これだけの差があるんだから、

認知症への対応って難しいよね。

その不安は自分で作り出している

通帳を預かってしばらくは「通帳がなくなった」「通帳を返して欲しい」と言い続けてワフウフたちを困らせたあーちゃんだが、1年ほど経つ頃には娘たちに預けた通帳の存在をすっかり忘れてしまった。

そして、自分で唯一管理していた通帳とカードも、**紛失と再発行を何度も繰り返していたが、そのうちATMの操作ができなくなってお金が引き出せなくなった。**

そのため、それなりにお金を持っているあーちゃんなのに、しょっちゅうお金がないお金がないと言って不安がるようになった。

だけど、会うたびに一緒にお金をおろしても、お金を渡してあげても、すぐに失くしてしまうのだ。そして、「お金がなくて不安だわ……ダンス代も払えない」としょっちゅう訴えてくる。

時々家のチェックに行っていたが、ほんの数時間しか見なくてもいつも部屋からうん十万も現金が出てくる。それなのに、それもすぐ見当たらなくなってしまう。部屋に置いてあった現金も毎週渡していた現金も、認知症特有の**「物盗られ妄想」**で部屋中のあちこちに隠してしまい、自分でそれを覚えていないだけなのだと思う。

「え、この前家にあった〇十万は？」

「ダンス代がかかるからもうないわよ！」

「1ヶ月でそんなにかかるわけないでしょ！　他の何かに使った？」

「使っていないわ」

「自分でどこかにしまっているんだよ！　それを忘れちゃうのが病気なの！」

あーちゃんは自分が認知症だとは決して認めないし、そんなことを言うと傷ついてしまうのはわかっていても、「お金がない」と訴えてくるあーちゃんに声を荒げてしまうこともあった。

だってさー、手持ちの預金すら引き出せなくなり、現金を渡してもすぐに失くし、ずっと不安がられても。一体どうすればいいの？

自分でどこかにしまってるんだよ！
それを忘れちゃうのがあーちゃんの病気なの!!

COLUMN

1

[相反する気持ち]

ワフウフもなーにゃんも、とても大人しく手のかからない赤ちゃんだったという。体が弱かったなーにゃんの面倒をみるため、ワフウフなんてあーちゃんの実家に長いこと預けられていたらしい。

もちろん甘えたい気持ちはあったけれど、いつもイライラして手一杯なくせに、何もかも口を出して子供を支配しようとするあーちゃんのことがいつしか嫌いになっていった。

緊張した母娘関係はワフウフが結婚して子供を持つことによりだいぶ緩和した。でも、あーちゃんへの長年の不満は積もり積もったままで、わだかまりがとけるには至らなかった。

そこに来て、あーちゃんの認知症発覚。みるみるうちに色々なことがわからなくなり、出来なくなり、弱々しく娘たちを頼るあーちゃん。

とても悲しい気持ちになる。元気になってほしいと思う。しっかりしてほしいと思う。

だけど、「私の大好きな元どおりのお母さんに戻ってほしい」と思っているわけじゃない。だって元どおりのお母さんは大嫌いだったから。

となると、元気になってほしいと願うのは、あーちゃんのためというよりも……自分のためなんじゃないか？　あーちゃんの面倒を見るのが大変だから、あーちゃんに元気になってほしいと願うのか？

弱々しく頼りなげになってしまったあーちゃんを見て悲しくなるのは本当の気持ち。

でも、子供の立場から母親としてのあーちゃんが許せないと思うのも本当の気持ち。

そして、許せないと思っているのに介護をしなければならない状況にやるせなさを感じるのも本当の気持ち。

親への愛情に確信を持てないまま、子供としての義務であーちゃんを介護するというなら、可愛いと思わずに義務でワフウフたちを育てた（と言っていた）あーちゃんと何ら変わりないよね……。

もちろんあーちゃんに早くお迎えが来て欲しいとは思っていない。でも、たんたんも含めてこれ以上関わるのはごめんだ、と思ってしまう。

薄情な娘でごめん。

第2章

金目当てのたんたんが動き出す

要介護認定を受けられない理由

周りの人たちに要介護認定を勧められる機会は何度かあったものの、あーちゃんはまだ要介護認定を受けていなかった。

あーちゃんが要介護認定をうけていないのは、DV夫であるたんたんの存在がある。

あーちゃんの財産を狙っているお金に汚いたんたんは、あーちゃんが認知症と診断されたとわかったら即時、**「あーちゃんの通帳を全部出しなさい！　僕が管理する！」**と言うだろう。

夫婦なのだから、適切に管理してくれるならもちろんそれでいい。だけど、たんたんは自分があーちゃんのお金を使いたいだけなのだ。もしあーちゃんの預金を渡してしまったら、きっとあーちゃんにお金をかけずにろくなケアもされないまま、たんたんにただ寝かしっぱなしにされてしまう。

たんたんの実母は癌で若くして亡くなったが、病院で治療をしてもらうことなく、家でただ寝かされたまま亡くなったらしい。実母にすらそうしたのだから、仲の悪い妻に同じ事をしないわけがない。

たんたんがどんなに非道な奴かが、ワフウフの拙い文章ではなかなか伝えきれないのだけど、たんたんはあーちゃんのお金を狙っているだけではなく、喧嘩をするとあーちゃんに、**「早く死ね！　死ね！　死ね！」**なんて言う人なんだよ。

その言葉そっくりそのままお返しするわ、マジで。

ただ、要介護認定を受けない理由はそれだけじゃなくて、あーちゃん自身にもある。本人が認知症を認めていなくて、プライドを傷つけたくないということもあるし、今でこそ色々出来なくなって頼りなげになってしまったが、元々は我が強く自分の意見を決して曲げないあーちゃんは、**自分の意に沿わないことをする相手とは関係を切ろうとするのだ。**

昔、たんたんが何度目かの浮気をし、「家族のことだから」と呼び出されて別居にあたっての話し合いに無理矢理同席させられた時、なーにゃんとワフウフは、建設的な話し合いをするわけではなく、ただただ何十年前からの恨みつらみを並べ立ててたんたんを責め続けるあーちゃんにうんざりして、あーちゃんに言った。

「悪いのはもちろんたんたんだけど、過去は変えられないでしょ？　あーちゃんも同じことをずっと恨んでないで切り替えたら？」

それは、たんたんへの恨みに固執し続けないで、自分自身の楽しみを見つけてほしいという思いで言ったのだ（もちろん、そういう気持ちで言ったんだよとあーちゃんにも伝えた）。

だけど、娘たちにただ自分の話を聞いてほしくて（常日頃から聞かされていたけど）、

悪いのはもちろんたんたんだけど、過去は変えられないでしょ？
あーちゃんも同じ事ばっかり言ってないで切り替えたら？
ガーン

自分の味方をしてほしかったあーちゃんはこの言葉にショックを受け、ひどく傷ついてしまった。そして、その言葉を伝えたなーにゃんに、

「あなたとはしばらく会いたくない。話もしたくないわ……」

と言い、実際になーにゃんは1年以上あーちゃんに会ってもらえなかった。

そして絵巻もののような長〜い恨みの手紙まで送りつけてきたのだ。

もし、強く要介護認定を勧めたりして、自分がまだしっかりしていると思っているあーちゃんが娘たちを遠ざけてしまったら……。

きっと病院もろくに行かず薬もちゃんと飲めずろくな食事もとらず、なのに甘いものばかり食べて、周りに口を利く人もいなくて……どうなってしまうんだろう。

怖い！　怖すぎる‼

通院への付き添いを始めてから1年半の間にたった1度だけ、どうしてもなーにゃんもワフウフも付き添えなかったことがあったのだが、たった1週間会わなかっただけであーちゃんはひどくぼんやりしてしまった。

週に1度でも娘と会うことはあーちゃんの刺激になっているようなのだ。

今もし、なーにゃんとワフウフと1年以上会わなかったら、**あーちゃんはもうあーちゃんではなくなっているかもしれない。**

そう思うと、あまり本人の意に沿わないだろうことは強く言えないのだ……。

実母なのに、他人以上に気を遣う相手なのよ、あーちゃんって。

とはいえ、あーちゃんの色々な面での弱りっぷりを考えると、現実的にはもう要介護認定を受けなくちゃならない時期に来たのかな、と思える。

たんたん始動により荒ぶるあーちゃん

2018年11月は、

あーちゃんの凶悪化月間だった。

それが2週間ほど前、認知症の病院で薬の見直しをしたせいなのか、それとも実は先々週からたんたんと揉めているせいなのかはわからない。しかし、たんたんと揉めていることで不安感が強まった可能性は大いに考えられる。

実は、あーちゃんに保険会社から年金保険が支払われる事になったのだが、それを知ったたんたんが半分よこせと言ってきているのだ。

そして、恐らく何度言っても忘れてしまうあーちゃんに困って「A銀行とB銀行と

C銀行の通帳をなーにゃんから返してもらい、記帳して入金を確認し報告すること」と紙に書いてよこしたようだ。その紙を11月21日、糖尿病の病院の付き添いの時にあーちゃんのバッグから見つけた。

（そもそも報告ってなんだよ！　あーちゃんはたんたんの部下じゃないのよ！）

そこで、なーにゃんが紙の裏に「必要ありません」と返事を書いてたんたんに渡すようにあーちゃんへ言った。

（たんたんは自分に支払われている保険入金分は全部自分のものにしているんだよ）

そして11月29日、なーにゃんが糖尿病の病院へ付き添いに行ったら、あーちゃんの若見えの最大の武器・ウィッグを付けていない、おばあちゃん感5割増しの、険しい顔つきのあーちゃんがいた。驚いて、

「あーちゃん、ウィッグはどうしたの？」

と尋ねると、

「どこを探しても見つからないのよ！」

と言う。そして待ちかまえていたようにあーちゃんが言った。

「ひどいのよ！　たんたんが年金を半分以上減らしたのよ！」

どうやら年金保険を半分渡さないあーちゃんにじれたたんたんは、毎月渡す年金からそのお金を回収しようと年金を減額（しかも半分以下に！）してきたらしい。

元々満額の3分の1くらいの年金しか生活費としてあーちゃんに渡さないくせに、減額。さらにそこから税金も光熱費も新聞代も何もかも半分請求してくるんだよ。

「あれしか年金をもらえないんじゃダンスは続けられないわ！」

険しい顔で嘆くあーちゃん。

「レッスン代が払えないし、ウィッグは見つからないし、ダンスはお休みしたわ！」

経済的に締め付けられ、ウィッグもなくて荒ぶるあーちゃん。

「私が書いた返事はたんたんに見せたの？」

あーちゃん
ウィッグは
どうしたの…？
どこを探しても
見つからない
のよ！

「見せてないわ！　たんたんに通帳を持っていると思われちゃうじゃない！　私通帳なんて持ってないのに！」

「通帳があるのわかっているからたんたんはあの紙を書いたんでしょ？　隠したって意味ないじゃない！」

「だって私通帳なんて持ってないのに！」

自分の通帳の存在を忘れてしまったあーちゃんは、持ってもいない通帳を見せろとたんたんに言われていると思って憤慨している。


そのため、たんたんの書いた紙の裏に書いたなーにゃんの返事を見せて欲しいのに、**たんたんの書いた紙をたんたんから隠そうとするわからんちんぶり。**

しかも、どうやらあーちゃんにひとつだけ持たせていたC銀行の通帳もまた失くしてしまっているようで、自分はひとつも通帳もなくお金も持ってないのに年金を減らされたと思っているようだ。

そりゃあ不安にもなるよね……。

しかし通帳を預かっていること、お金は心配しなくてもちゃんと持っていることを説明しても説明してもまったく理解できず、というか、お金がないという思い込みがきつすぎてあーちゃんの頭に入らず、**エンドレスに繰り返されるこの会話。**

そしてこの日は薬も足りないと言ってきかない。

薬の袋ごと持って来ていたのでその場で確認したのだが、確かにその日の昼夜の分だけ足りない。

ただ、あーちゃんはよく就寝前の薬はベッドの横、それ以外の薬は食前に飲むので食卓の上に置いている。だが、食卓の上には広告やメモなどが雑然と……というよりもうぐちゃぐちゃに置いてある。だから、例えば**「今日の分」**と思って袋から出しておいたのに色々なものに紛れてしまった可能性もある。

なので「もう一度探してみて」と言っても、「何回も探した！　絶対にない!!」と言い張って全く聞く耳持たず。この話もこの日、エンドレスに繰り返された。

なーにゃんが、

「こんなにしょっちゅう薬がないって騒いで、飲み忘れもたくさんあって全然管理出来ていないならもう訪問管理してもらわないと無理だよ！」

と言うと、あーちゃんは血相を変えて

「そんなの必要ない!!　自分でちゃんと出来てる!!」

もうー、顔つきもほんの1週間前とは全然違うし、何を言っても抵抗して聞かないし、かといって頭の中はお金がないこと、薬がないことでいっぱいだから、同じ話を繰り返すばかり。

そしてウィッグをつけていないあーちゃんは老婆感が半端なくていっそう悲壮なかんじで、見ているのも相手をするのも、

本当に辛かった。

酷いのよ
たんたんが
年金を…
お金も
ウィッグも
ないから
ダンスに
行けない
通帳なんて
私持ってない
のに…
薬が
足りないのよ
もうイヤ…

腹立ちと物悲しさの間で揺れる娘たち

2018年11月30日。

あーちゃんが認知症で理解力も判断力もなくなっているのはわかっている。だけどずっと経済的DVと言葉の暴力と浮気を繰り返して、あーちゃんの預金を狙っていて、先日は年金まで減らしたたんたんを、なぜだかあーちゃんは頼ってしまう。

あーちゃんはたんたんに言われるままに、たんたんと一緒に、ワフウフたちが預かっている通帳やマイナンバーカードを再発行しに行ってしまった。

たぶん、たまたま途中で電話をして止めなかったら実印も登録し直していたと思う。

認知症で理解できないんだから、

仕方ないって思わなくちゃいけないの？

ずっとあーちゃんをたんたんから守ろうとしてきて、それが認知症になる前からのあーちゃんの望みなのだと思ってきたけど、わからなくなった。

理解できないままたんたんの言いなりになるくらいたんたんを信用しているの？

本当は、たんたんに頼りたいの？

それならもう、2人でやってくれないかな。あーちゃんがたんたんを頼ったりたんたんの言いなりになるなら、もう娘たちに出来ることはないよ。

お金を取り上げられて、病院代もケチられて寝たきりのまま放って置かれても、それがあーちゃんの望んだことの結果なら、ワフウフたちには何も出来ないよ。

もう、預かったもの全て返して手を引くよ。そして、たんたんにみんなやってもらいなよ。

「ひどいのよ！　たんたんがね……」

って二度と電話してこないで。

あーちゃんのために自分たちが出来る限りのことはやってきた。**ワフウフたちにはあんなに抵抗するのに、たんたんの言う事は聞くなら、あとはたんたんにあーちゃんを託して、もう手を引きたいという気持ちでいっぱいだった。**

それでも、翌日の12月1日、通院の付き添いに行ったワフウフを見て嬉しそうな顔をし、自分がたんたんの言いなりになって通帳やマイナンバーカードの再発行をしてしまった意味も理解出来ておらず、その記憶もあっという間に失くしてしまった様子のあーちゃんを見たら、それまでワフウフたちがあーちゃんのためにやって来たことをぶち壊された腹立たしさを抱えつつも、あーちゃんへの哀れみというか物悲しさも湧き上がって来てしまった。

やっぱり、**たんたんに身ぐるみ剥がされかけているあーちゃんをこのまま放置するわけにはいかないよねえ……。**

今？
銀行よ！
たんたんと
一緒に来てるわ！

ギブー
やってらんねー

警戒して腹の内を探り合う父娘

2018年12月10日。

この日は相変わらず薬が足りない、C銀行の通帳が見つからないと言い続けるあーちゃんのために実家に探しに行った。

本当はマイナンバーカードを持って行き、家に行く前に駅まであーちゃんを呼び出して、たんたんが再発行してしまったB銀行の通帳の発見手続きをしようと思っていたのだけど、駅まで呼び出したあーちゃんにたんたんが目ざとくついてこようとしたので、日を改めることにした。

実家に行き、まずはあーちゃんの薬を確認。

パッと見ただけで、日付がバラバラの薬の包みがいくつもあちこちにあるのがわかる。やっぱりちゃんと飲めてないよねえ……。おまけに10日の昼の薬はある（飲んでない）のに、それ以降の薬がまったく見当たらない。

「ぜんぜん薬飲めてないね、今日の昼のも飲んでないよ。夜の分からの薬もないし」

「あーちゃん、残りの薬はどこにやった？」

と聞くと、薬が足りないことをその場では忘れてしまっていたあーちゃんは、

「え？　薬がない？　どこに行っちゃったのかしら？」

と、焦り出した。就寝前の薬は枕元に置いてあるというので、2階のあーちゃんの部屋を見に行こうとすると、そこでたんたんが登場。


実は、たんたんとは縁を切ったつもりでもう何年も会っていなかったのに、たんたんには挨拶もそこそこに、すぐさまあーちゃんのマイナンバーカードを持って来ていないかと聞かれた。露骨だわ〜。もちろん本当は持っていたけど、

「今日は探し物に来たんだよ。マイナンバーカードなんて持って来てないよ」

と言うと、

「でもB銀行の再発行を止めるのに身分証がいるんだよ」

と、しつこく粘られた（ワフウフたちが通帳を預かっていることを分かっていても再発行し

たくせに……！　よくもまあしゃーしゃーと言うわ！）。

当時マイナンバーカードはワフウフたちが預かっていたので、たんたんは銀行の通帳とカードの再発行などには健康保険証と病院の診察券を使っていたようだが、やはり写真付きの身分証明書を手に入れたかったようだ。**写真付き身分証明書と本人さえいれば、たんたんの思う通りになんでも手続きできるもんね。**

それがわかっているから、こちらもたんたんには絶対にマイナンバーカードを渡したくない。たんたんが再発行してしまったあーちゃんのマイナンバーカードも、発行されるまで時間がかかるというが、何とかたんたんの手に渡るのを阻止しなければ！

「B銀行には私が行くから大丈夫！　他に使うことなんかないでしょ？（牽制）」

と言ってその場はなんとかしのいだ。

「まあいいよ、それならそれで……」

たんたんは不満そうだがそれ以上言わなかった。**こちらもたんたんの出方を窺っているが、たんたんもこちらの出方を窺っているような感じ。**

全然薬飲めてないね…今日の昼の分も飲めてないよ
夜から飲む薬もないね…どこに置いたの?
え!?　薬がない!?どこに行っちゃったのかしら…
何でも失くすから困っているんだよ!
失くして一番困るのは通帳だ!

「それより、あーちゃんの薬を探さないと！」

と言うと、それを無視してたんたんはなぜかドヤ顔で、

「あーちゃんが〇〇の病院へ行ってるの知ってる？」

〇〇の病院は認知症の病院のこと。最初は糖尿病の病院で一緒に薬を出してもらっていたけど、より細やかに診てもらえる認知症の専門医を探して病院を変えたのだ。

「……知ってるけど？」

「なんの薬もらってるか知ってる？　認知症の薬なんだよ！」


……よくもまあ、本人の前でそんな事言うよね！


デリカシーのかけらもない！　あーちゃんは悲しそうな顔をして黙っていたよ。

「知ってるも何も、私たちが連れて行ってるんだよ」

たんたんはあーちゃんが糖尿病の病院から言われて認知症の病院へ通っていると思

っていたらしい。ワフウフたちが病院を探して連れて行き、毎回の通院に付き添っていることを初めて知ったようだった。

「とにかく何でもかんでも忘れちゃうから困っているんだよ」

とたんたんが言う。

「病院へ連れて行こうとは思わなかったの？」

と聞くと、

「あーちゃんが必要ないって言うから」

それで明らかに認知症のあーちゃんを放置したまま、通帳やマイナンバーカードだけ再発行させたのかよ。

「なんでも失くすから困っているんだよ。失くして一番困るのは、通帳だ」

「今失くして一番困ってるのは薬だから！」

と言うと、

「まあ、薬も大事だけど……」

とにやにや。そもそも、あーちゃんの通帳がなくて、たんたんがなんで困るのよ。

薬よりも通帳の心配かよ！

表面上は平和に話していたけど、たんたんの心配があーちゃんの通帳だけなのが透けて見えてワフウフたちはムカムカしっぱなしだった。

そしてその後、あーちゃんの部屋で薬（と、通帳）を探したのだけど、たんたんはもしかしてワフウフ達が見つけるかもしれないあーちゃんの通帳を見逃すまいと、物が溢れかえって狭いあーちゃんの部屋に居座って背後からワフウフ達の動きに目を光らせていたので本当にウンザリしたよ……。

その日、通帳は見つからなかったけど、薬はベッドの下の引き出しにしまってあったのを見つけたし、また出てきた現金の封筒はたんたんの目を盗んでさりげなく回収しておいたよ。

何の薬をもらっているか知ってる？
…認知症の薬なんだよ！
ヘッ〇〇〇

認知症の妻の介護には対価が必要らしい

あーちゃんがただひとつ自分で管理していたC銀行の通帳とカードは、どうしても見つからず結局再発行をして、支店で直接受け取ることが出来た。そしてもうあーちゃんが自分で管理するのは無理だと判断し、ワフウフ達が預かることにした。

これで、もしもたんたんがこれからあーちゃんの部屋で前の通帳とカードを見つけても、古い通帳とカードはもう使えないのでひと安心。


通院の帰りに銀行へ行き、その後あーちゃんと一緒に駅前でお昼ごはんを食べてからワフウフたちはそのまま帰るつもりだったのだが、あーちゃんが家に来て欲しそうにしていたので少し寄ることにした。

しかし、行ってみたらあーちゃんが居ないと言っていたはずのたんたんは家にいた。

どこへいくんだ？病院か？
なーにゃんとワフウフも来るのか!?

この頃たんたんは、あーちゃんが病院へ行こうとすると、ついてこようとするらしい。**もちろんあーちゃんの体を心配してなんてことはない。**

「どこに行くんだ？　病院か？　なーにゃんとワフウフも来るのか？」

といちいち聞いてくるらしい。

どうも、あーちゃんが娘たちと会うことで預金を動かされたり隠されたりすることを警戒しているっぽく（お互いにな！　笑）、

娘たちとあーちゃんだけで会わせたくないようだ。

だから、この日も病院の帰りに娘ふたりが実家の最寄り駅まで来たことをたんたんが知ったら、探りを入れられそうだと感じたので、なーにゃんだけが薬を所定の位置に置くために家に入ることにした。

しかし。ワフウフは外で待っていたんだけど、なーにゃんがなかなか出てこない。

中ではなーにゃんとたんたんの激闘が繰り広げられていたのだ……。

なーにゃんが薬を置きにあーちゃんの部屋に入ると、たんたんは当然のような顔であーちゃんの部屋に一緒に入って来て、

「C銀行の通帳がない、どこへやったんだ」

とあーちゃんの部屋を物色しだしたらしい。それにイラッとしたなーにゃんが、

「C銀行の通帳ならもう再発行して私が持っているから！」

と言ったことで戦いの火蓋は切られた。

なーにゃんは冷静に、**ボイスレコーダーで口論を録音してくれた**ので（笑）、ワフウフもたんたんのクソ発言を後で聞くことが出来たよ。

なーにゃんがボイスレコーダーに残してくれたたんたんの主張をまとめると、

「預金を比べると僕よりあーちゃんの方が金がある」
「年金を生活費として渡すと僕だけどんどん貧乏になる」
「あーちゃんの預金を渡さないなら今後は年金を渡さない」

と、いうことだった。

あれー。年金減額どころか年金ゼロにされちゃったし！

まあ、過去には、**「円満な生活をするために夫婦の預金を同額にするべき」という訳の分からない調停を起こした事のあるたんたん**だから、そういう考えなのはわかってはいた。

しかし、たんたんは会社員だった時、給与口座に給料を入れる前に一部を社内預金へ、もう一部を自分の別の口座に移し、退職時までに数千万の隠し財産を作っていた。

それらを定年後、たんたんは自分だけでばんばん使った。実は、高齢なのに海外の大学に何年も留学をしていたりしたので、恐らくかなり隠し財産が目減りしたところで、今度はあーちゃんの預金に狙いを定めたのだろう。

C銀行の通帳が見つからない！
一体どこに行ったんだ!?
C銀行の通帳なら
もう再発行して私が持っているから！

そんなん、知らねーよ。

自分が手持ちを使っちゃったからって、理屈をこねて人のを取ろうとするな！

その辺りにもなーにゃんはたんたんに突っ込みを入れたのだが、たんたんは「昔のことを言うのではなく、今の状態で話さなければ話が進まない」と言い張る。それじゃあ、

使っちゃやったもの勝ちじゃん!!

なんであーちゃんがたんたんの浪費の尻拭いをしなくちゃいけないのよ！

そして、今後生活費として年金を渡さないのに光熱費や税金はこれまで通り半額請求するというが、たんたんはあーちゃんが忘れちゃうのを良いことに同じものを何度も請求したりするので、

「あーちゃんへの請求は今度から私に言って！　たんたん何回も同じ請求したりする

じゃん！」

と言うと、

「……え？　なんだって？」

と、たんたんの耳が遠くなった。

どうやらボイスレコーダーに残された記録を聞く限り、**自分に不利な事をなーにゃんに言われるとたんたんは急激に耳の聞こえが悪くなるようだった（笑）。**

いやまあ、実際にたんたんは耳がかなり遠いんだけどね。

埒が明かないのでなーにゃんは、専門の人にに相談する、と言って話を打ち切った。

それに対して、

「こうなったら実力行使だ！」

と、たんたんは何度も息巻いていたが、実力行使とはたんたんの念願通りに年金を渡さなくなるということを言っている？　それともたんたんも弁護士に相談して何か対抗手段を取るということかしら。

それにしても心底驚いたのは、なーにゃんがあーちゃんから頼まれて預金を預かっているから渡せない、と言ったらたんたんが、

「それじゃあ半分こしようよ」

と言ったこと。

……ハア？　あーちゃんの預金をたんたんと娘たちと半分こにするなんて、なぜたんたんが決める？

あーちゃんの預金なんですけど！

そしてもうひとつ驚いたのは、

「あーちゃんの預金があれば、その分だけあーちゃんの面倒をみれる」

と言ったこと。

つまり、お金を渡さなくちゃたんたんは妻であるあーちゃんの面倒を見る気がない

ということなのね。

妻の面倒を見るのに
金銭を要求するとか！　ないわ！

だけど実際に、
「預金を渡さないならこれからはなーにゃんが全部あーちゃんのことをやりなさい」
と言われたしな。……ていうか、

そんなんお前に言われずともとっくにやってるわ!!

ウィッグひとつで喜びを隠しきれないあーちゃん

２０１９年１月７日、認知症病院付き添い。

待ち合わせの駅であーちゃんの姿を見た時、ワフウフの身体を衝撃が走った。

あーちゃんがウィッグをつけている。

しかも、前に失くしたウィッグとは違うウィッグ。

「えっ……、そのウィッグどうしたの？」

と聞くと、

「たんたんが買ってくれたの！　私はいらないって言ったんだけど、『ウィッグをつけていなくて老けて見えるのが僕が嫌だから買わせてよ』って！」

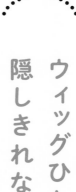

ニコニコして言うあーちゃん。

「は？　たんたんが!?　それいくらしたの？」

「高かったわよ、27万円くらい」

年末にウィッグを探していた時に、あーちゃんの部屋にいたたたんたんは言ったのだ。

「ウィッグっていくらくらいするの？　3万円くらい？」

もし本当に買おうとしても、3万だと思っていたものが27万もしたら買うだろうか？　しかも、あーちゃん曰くたんたんは現金で払ったとのこと。

27万も現金で持って行くかなあ？

でもね、もしもあーちゃんの言う通りたんたんが27万もするウィッグをあーちゃんに買ってあげたというなら、それはあーちゃんの部屋から**27万の倍以上のお金を手に入れた**と考えた方がいい。

たんたんはなんの理由もなく
何かを買ってくれるような
気前の良い人じゃない。

あーちゃんがいくつも封筒に分けて部屋のあちこちに隠していた現金を見つけたか、
あるいはあーちゃんの部屋の隠し金庫を開けることに成功したか？
ワフウフは嫌ぁな気持ちになった。

「ウィッグなんて買わなくていいから、
生活費よこせよ！」

認知症だから仕方ないと分かってはいてもあーちゃんに苛々させられることは多い。

あーちゃんが隠した現金入り封筒→

だけど、たんたんが余計な事をしだしてたんたんとぶつかり合うようになってから、**たんたんのあまりのラスボス感にあーちゃんが可愛らしく思えるようになった。**

自分に代わってたんたんと戦う娘たちに「迷惑ばっかりかけてごめんね……」と言って、あーちゃんは凄く感謝して頼ってくれているしね。

だけど今回、たんたんに買ってもらったというウィッグをつけたあーちゃんは嬉しさを隠しきれない様子で、

「私が老けて見えるのは嫌だってたんたんが言うのよ！」「僕の面倒を見てくれる？って言われたのよ！」「私が出かけようとすると全身チェックして、どこへ行くのか必ず聞くのよ！」「私が男の人と会うんじゃないかって疑っているみたいなのよ！」

とクネクネしている。喜んじゃってる！

たんたんにウィッグ買ってもらったって喜んじゃってるよ!!

イラッ
ウィッグなんて買わなくていいから生活費よこせよ…！
たんたんったら私が出かけようとするとどこへ行くのか必ず聞くのよ！
私が男の人と会うんじゃないかって疑っているみたいなのよ！

認知症になっても気持ちは最後まで残るというが、あーちゃんの中には、たんたんへの恐怖や嫌悪感と共に、いまだにたんたんの改心を望む気持ちも残っているんだな。たんたんがそんなにお高いウィッグを買ってくれたことになんの疑問も持たずに、あーちゃんが望む通りにたんたんが自分を気にかけてくれていると思っているんだ。
なんだか凄くやり切れない気持ちになった。

すごくショックだった。

娘たちがあーちゃんのために動いていることに凄く感謝はしてくれているけど、あーちゃんが本当に頼りたいのはやっぱり「夫」という存在、たんたんなんだなあ。

愛される妻でありたいんだね……。

やっと受けることが出来た要介護認定

2018年12月17日。

認知症の病院の後、あーちゃんと別れてからなーにゃんと2人で**地域包括支援センター**へ相談へ行った。あーちゃんのこれまでの経緯、今の状態やたんたんとの関係などお話ししてその場で要介護認定の申し込みをした。

そして、**2019年1月17日。**

糖尿病の病院の後ランチをしてから要介護認定を受けた。認定員さんには事前に「本人抵抗があるので要介護認定とは言わないでほしい」と伝えてあった。

あと、「もしかして父が同席して口を出してくるかもしれないけれど、父は母に無関心で母の状態をきちんと把握していない」「要介護認定後に少しお時間をいただいて本人や父抜きでお話したい」とも伝えてあった。

約束の時間ぴったりに来てくれた認定員さんは30代くらいの女性。

「区から健康調査に伺いました」

とあーちゃんに言ってくださった。事前に「お薬の管理をお願いするための手続きに担当の人が来てくれるから」と伝えてあったので、あーちゃんは少し構えた様子を見せつつもにこやかに質問に答えていた。

ただ、ここのところ一段と理解力が落ちて気力もあまりないあーちゃんだから抵抗しなかったけど、**要介護認定を受けるのが半年でも早かったら物凄い抵抗をしたかもしれない。**

でもさー、要介護認定ってあんなにさら〜っとした質問を本人にするだけなんだね。そんなの、プライドの高い人は全部出来ていますというだろうし（もちろんあーちゃんもね！　笑）家族がそれを否定して実情を説明しなかったら認定員さんに本当のことなんか伝わらないよね……。どうなの、あのシステム。

ワフウフたちは要介護認定の後に認定員さんにあーちゃんが取り繕って答えた状態

ではなく、本当の状態を伝えた。

たんたんとの関係、たんたんにされて困っていることも伝えた。

色々伝えなかったら、身体には不自由なく受け答えも上手なあーちゃんには要支援もつかないかもしれない。

ああでも、担当医の診断書もあるから要支援くらいはつくのかなあ……。


ただ、あーちゃんは認定員さんの前でひとつだけボロを出した。

「今の季節はなんですか？」

と聞かれた時に、

「ええと……今は夏の手前ですから……初夏です」

と、膝掛けをかけ、ヒーターで暖まりながら答えたのだ。


認定を受けている間、2階に居たはずのたんたんは結局一度も顔を見せることはなかった。耳が悪いので人が来ていることに気づかなかったようだ。

認定員さんの前でさも優しい夫のような顔でわかったようなことを言われるのは腹

立たしいからそれはそれで良かった。

ワフウフたちは別に隠しているわけでもなんでもなくて、ただ、たんたんが気づかなかっただけだし。だけど後日、たんたんが要介護認定に対して、

「あーちゃんと同居している僕を差し置いて、勝手なことをするな！」

と、不満をぶつけてくることになる。

別居の娘たちが、なぜ同居の夫がいる母親の要介護認定をわざわざ申し込まなければいけなかったのかを考えもしないたんたん。

そもそもたんたんがきちんとあーちゃんの身体を気にかけ、食事や薬の管理にも関わってくれさえすれば良かっただけの話なのに。

年末にたんたんと顔を合わせた時に、

「病院には私たちが毎回付き添ってるから、家でちゃんと薬が飲めているかを確認してあげてよ」

と言ったのだけど、その後あーちゃんの薬をまたチェックに行った時に、**あーちゃんが薬をまとめて入れている大袋にたんたんの字で「糖尿病」と書いてあった。**

何でも自分で出来ておりますし
オホホホ
困っていることはございませんわ！
今の季節はなんですか？
初夏です！
ええと…夏の手前ですから…

……え？　これで、薬を飲めているか見てあげていることになるとでも？

「糖尿病」とたんたんが書いた袋の周りには飲めていない薬がポロポロと無造作に置いてあったのに？

しかもこの薬、糖尿病の薬だけじゃないし！　認知症の薬と一包化してるんだし！

それで「僕だってあーちゃんの面倒を見ているんだ！」と言われてもさ……。

認定員さんに、介護にはずっとあーちゃんを放置してきた父ではなくワフウフたち娘が主体で関わりたいと伝えると、要介護認定書や介護に関わるお手紙をあーちゃんの現住所ではなく娘たちどちらかの家に届くように変更できる手続きの用紙をくれた。

だけど……やっぱり、**被介護者に同居人がいる場合は同居人の同意の署名なくして**

僕は週に6日
面倒をみている
んだ！
お前達があーちゃんの
面倒をみているのは
週にたったの1日だ！
面倒をみるって
何をしてくれてるの…？
食事も洗濯物も
各自でやっている
じゃん…

はその手続きが取れないのだ。
同居の配偶者の権利って本当に強いよね。
それだけ配偶者同士は守り合いかばい合うべきものなんだろうけど……

そうじゃない配偶者もいるってことも想定してくれたら良いのに。

ツッコミどころ満載の区役所へのクレーム

2019年1月24日。

ワフウフは自分のスマホに見慣れぬ電話番号から着信があったことに気づいた。電話番号を調べてみると、あーちゃん居住区の区役所と思われたので折り返すと、要介護認定の認定員さんだった。

認定員さんが言うには、認定員さんの不在時にたんたんから、

「あーちゃんと同居している自分から話も聞かずに要介護認定とはおかしいじゃないか！」

と、**［折返し電話をして対応をしないと納得されそうにない剣幕で］**クレームの電話が入ったらしい。

それで、「娘さんたち以上のお話を聞けるとは思いませんが、折返しお電話させていただいてもいいでしょうか」

とわざわざお伺いの電話をくださったのだ。

どうやらたんたんは、要介護認定調査後に区役所から送付された手紙を見てあーちゃんが要介護認定を受けたことを知ったようだ。自分の知らないうちに娘たちが要介護認定の手続きを進めたことがよほど気に食わなかったのだろう。

いや、たんたんが家にいるときに認定員さんは来たんだけどね！　たんたんが気づかなかっただけなんだけどね！

ワフウフは認定員さんに平謝りして、もちろん折返し電話をしていただいて結構ですとお返事した。

しかしこの話はこれで終わらない。

後日、たんたんが電話だけではなく手紙を認定員さん宛に送りつけたのだ（通院時にワフウフたちが気づくように、わざわざ手紙のコピーをあーちゃんのバッグに入れてあった）。

たんたんが送りつけた長〜い手紙を要約すると、**要介護認定は娘が勝手にやったこと**

であーちゃんは日常生活で困っていることはなく、

介護の必要性を
たんたんは感じていない。

→ **いかにたんたんがあーちゃんのことをよく分かっていないかがかえって露呈しているよね。**

→ 困っているとすればあーちゃんに頼まれたなーにゃんが通帳やマイナンバーカードを持ち去り、あーちゃんがそれを忘れてしまって再発行をしてしまうことだという。

いや、再発行しまくってるのは

お前だろ!!

2日に1度は一緒にウォーキングをしているとか、週に1度は買い物に行っているとか、面倒見ているアピールもしている。

→

いや、生活費もくれてないし。

そして一緒に買い物して、自分の分もあーちゃんに払わせたりしているじゃん。

あーちゃんの食事のことも書いてあるけど、2人は食事も全く別なのに知っているわけがない。押入れにお菓子が隠してあることも知ってか知らずか書いていない。

病院はあーちゃん1人で行けるのに

ツッコミどころ満載だなコレ…
何これ…こんなの区役所に送ったの!?

わざわざ娘たちがついていく。

→ **2年も前に病院から「もう1人での通院は無理なので誰か付き添ってください」と言われたんですけど！**

もう、ツッコミどころ満載‼

この手紙を読んだ時はここまであーちゃんの状態を理解しないでよくもまあつらつらと良き夫風な文を書き連ねたものだと可笑しくなってしまったのだが、やはり区役所の人にこんなものを鵜呑みにされても困る。そこで認定員さんにもう一度電話をしてみた。

すると、認定員さんは、

「お父様がお母様の状態を全く見ていないことがわかりました」と言ってくれた。

そして、**「私の目から見てもあーちゃんさんはお父様のおっしゃっている状態にはとても見えませんでしたので、娘さんたちからお聞きしたことを参考にして報告書を書きました」**とも言ってくれた。

ちなみにたんたんがあの手紙を送りつけた時には既に報告書は出来上がっていたので、それから特に修正は加えないで提出したと言っていた。

認定員さん、若い女子だけどじじいの圧に屈しない肝のすわった人だったのね。

つまり、たんたんはあんなに良き夫風の手紙を頑張って書いてなんとかあーちゃんの要介護認定結果を軽くして、介護サービスの利用を阻止しようとしたのだが、かえって自分があーちゃんを見ちゃいないのが認定員さんにバレてしまっただけで終わったのだ。

たんたん、自爆乙！

なりふり構わぬ「なりすまし」作戦

２０１８年末に本音で言い合いをした後あたりから、たんたんの手段を選ばない暴走が始まった。あーちゃんにウィッグを買ってあげたのも、あーちゃんを手懐けるためという意味合いもあったのかもしれない。

２０１９年１月20日。

なーにゃんにあーちゃんからメールが来た。件名に全てが書いてある。

「なーにゃんへ　そちらに、預けている銀行預金の全部について、銀行名、最新預金残高を報告してください」

あーちゃんは本文に文を入力しないで件名にすべて入力してしまうことがよくある。

だから一見、あーちゃんが書いたメール風なんだけど……。

でも、文がぜんぜんあーちゃんの文じゃない！

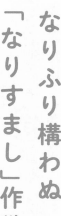

あーちゃんは「報告」なんて言葉使わないし。

しかも、あーちゃんは自分が預金を持っていることすら忘れているので、通帳を見せるたびに「ええっ!? これ私のお金なの!?」と驚いているくらいだ。

そんなあーちゃんがこんな文を書いて送ってくるわけがない。さらに、

「期限、本年2月15日、なお、たんたんには絶対に知られないようにしてください。以上」

というメールも続けて来た。あーちゃんはもう日付がよくわからなくなっているのに「期限、本年2月15日」なんて書くはずがない。これは明らかに

たんたんがあーちゃんの携帯電話から送ってきたメールだ。

「あーちゃん風にしているけど、これはどう見てもたんたんの文だよねえ」

「たんたんには絶対に知られないようにしてください」とか、自分だと思われないよ

あーちゃんはこんな文書かないよねえ
あーちゃん風にしているけど、これはどう見てもたんたんの文だよねえ

うに付け加えちゃったりして……！　バレバレで逆に恥ずかしいわ!!

あーちゃんに確認してみたが、あーちゃんは自分の携帯からたんたんがメールを送ったことに全く気づいていなかった。たんたんはあーちゃんの目を盗んで勝手に**あーちゃんの携帯からあーちゃんになりすましてメールしてきた**んだね。

たんたんは、あーちゃんの通帳を渡せといくら娘たちに言っても渡してもらえないから、あーちゃん本人が言えば返してもらえると思ったんだね、きっと。でも、

なりすましがバレバレだから！

2019年1月24日。

あーちゃんから電話がかかってきた。

開口一番、「私のお金ってどこの銀行にいくら入っているの?」と言う。

「たんたんに聞けって言われているの?」

と聞くと、状況が理解できていないあーちゃんはすんなり「そうよ」と答えてしまう（笑）。

そして、「この前の女の人はどうして家に来たの？　あれはお金がかかるの？　知らない人を家に入れるのは怖いし……」と言う。

後ろでたんたんがあーちゃんに何か言っている声がずっと聞こえている。

どうやら、「介護サービスを受けるのにもお金がかかる。あーちゃんはお金があるのか、確認しなさい」と言ったり、「知らない人を家にあげるのが怖いから介護サービスは断りたい」とかあーちゃんに言わせる方向で話をさせたいみたいだ。

たんたんは認定員さんに同居人である配偶者が「介護サービスは必要ない」と伝え、本人も「必要ないから断りたい」と伝えれば、要介護認定を断れると思っているのかもね。でも、もう認定調査は済んじゃったし！

どんな認定がつくのかはこちらが決めることじゃないし!!

そしてあーちゃんは、自分が何のために何を言わされているのかもわからず、たんたんに言われるままに喋っていたので、

「あーちゃんのお金は減らさないように管理しているから心配ないよ！」

「あの人は私達がお願いして、区役所から来てくれた人だから安心だよ！」

と言うと、

「そうなのね！　ありがとう！」

と、なーにゃんの説明を聞いてすぐに納得して安心してしまい、電話を切ってしまったのだった（笑）。

私のお金って
どこの銀行にいくら入っているの？
…たんたんに聞けって言われているの？
ええそうよ！
プッ

ヒソヒソ
ああ言いなさいこう言いなさい

たんたんのあーちゃん操作、失敗。

2019年1月26日。

なーにゃんに1通の書留が届いた。そして、28日にはワフウフの所へも同じ手紙が届いた。

内容は「私に通帳とマイナンバーカード、実印と印鑑類を返してください」というもの。

あーちゃんからの手紙ということになっているが、手紙の本文を書いているのはたんたんの字で、あーちゃんは宛名や署名を書いているだけ。

あーちゃんにこの手紙の内容が理解出来ているとは思えない。ただ「そういえば、たんたんに何か名前を書きなさいって言われたわねえ……」と言っていた。

理解していないのに署名するなよ！

だけど、あーちゃんが宛名や署名をしてからたんたんが本文を書き込んだという可能性もあるわけで。

ただ、この手紙自体はどう考えても何の効力も持たないけど、また勝手に期日を設けていて、それが前に送られて来たあーちゃんに**なりすました携帯メールの期日より早まっている**。これは何か意味するところがあるのだろうか。たんたんは何をするつもりなんだろうなあ。

あくまでもワフウフたちがあーちゃん（たんたん）に通帳を返さなかったら、最終的には調停を起こされると思うんだけどね。

でもそうしたら、たんたんがあーちゃんの名前で調停を起こしたとしても調停員さんと話すのはあーちゃん自身になるわけで、たぶん話にならないだろうし、たんたんがあーちゃんに代わって調停を起こすことが出来るのかはわからないけど、それが出来たとしても、たんたんは区役所にも「あーちゃんはごくごく軽度の認知症で生活に何の問題もない」と主張しているのにあーちゃんに代わって調停を起こすというのは辻褄《つじつま》が合わないよね。

こちらにはたんたんがあーちゃんの預金を狙っているという証拠もたくさんあるし、たんたんが調停を起こすことを見越して弁護士さんにもその時はお願いしますと言ってあるし、何も怖くはないんだけど……

とにかく、面倒臭い!!

あーちゃんの介護だけをやらせてよー!!

ああ、そういえば…
たんたんに、何か名前を書きなさいって言われたわねえ…

あーちゃんの介護だけを
やらせてよ！

生きているあーちゃんの預金は100%あーちゃんのもの

2019年1月18日。

この日はたんたんが再発行してしまった、マイナンバーカードを受け取りに行く日。

通常は自宅郵送なはずのマイナンバーカードをたんたんは窓口受け取りにして、再発行したマイナンバーカードがいつ出来上がるのかを聞いたなーにゃんに、「来たいなら一緒に来ても良いよ」と言った。

なぜなら、たんたんはあーちゃんのマイナンバーカード再発行手続きの時に健康保険証と病院の診察券を使ったのだけど、普段は行かないその病院への診察券をたまたま検査のためになーにゃんが預かっていて、自分では受け取りができなかったから。

「あーちゃん本人」と写真付き身分証明書である「マイナンバーカード」を揃えてしまうとたんたんは何でも出来てしまうので、なーにゃんとワフウフも必死。受け取りにはワフウフは仕事で行けなかったのでなーにゃんがひとりで行ってくれることになった。ごめんよ、なーにゃん。

たんたんは区役所のマイナンバーカード受け取り窓口に向かう前に、「病院の診察カードを渡して！」と手を出して来た。取り返す気満々。

なーにゃんは「窓口で渡す」と抵抗したが、たんたんはものすごくしつこくてその押し問答で数分かかった。

だがそれに負けずになーにゃんが窓口に直接病院の診察カードを出すと、今度はなんとたんたんが、あーちゃんの健康保険証を自分のバッグから取り出した。

ハア？　なぜたんたんがあーちゃんの健康保険証を持っているのよ？

そして、窓口の人に健康保険証を返されるとたんたんはまたそれを自分のバッグに

しまおうとした。なーにゃんが、

「どうしてたんたんがあーちゃんの保険証を持ってるの？」

と聞くと、外面の良いたんたんだが、一瞬本性を剥き出しにして
「今度からこれは僕が管理する！」

とかなり険しい顔で強い口調で言った。

そこで、なーにゃんも区役所の人に聞こえるようにわざと大きな声で、

「どうして自分の保険証を自分で持っていちゃいけないの⁉　あーちゃん病院へも行けなくなっちゃう‼」

「あーちゃんに保険証を返してあげてえええ〜‼」

と悲しげに叫んで見せた（ちなみになーにゃんはめちゃくちゃ声が通る。笑）。

狙い通り、窓口の人だけではなく区役所の人たちがこちらを注目する。たんたんは流石に分が悪いと思ったのか、すごすごとあーちゃんに健康保険証を返した。

なーにゃんは優しく、「じゃあ、失くさないようにしまっておこうね」と、あーちゃんを誘導した。

保険証

でもこれ、ふざけているわけではなく深刻な問題なのだ。

昔からたんたんは自分自身はくしゃみひとつで病院に行くくせに、**家族には「金がもったいない」と言って病院へ行かせない**のだ。

なーにゃんは赤ちゃんの時に高熱が続いて引きつけを起こしたのに、たんたんが「寝かせておけば治る！」と言って病院へ連れて行ってもらえず、しびれを切らしたあーちゃんが「私のお金で連れて行きます！」と言って病院へ連れて行ったらウィルス性の髄膜炎になりかけていて緊急入院になったのだ。

それなのに、たんたんは近所の人に「入院させるなんて、金がもったいなかった」とボヤいていたらしい（しかも自分はお金を出していないくせに）。

糖尿病に関しても、

「糖尿病はどうせ治らないんだ！　病院へ行く必要はない！」

とあーちゃんによく言っていた。

そんなわけで、あーちゃんの健康保険証をたんたんに取り上げられてしまったら、

どうせ治らないんだ！
病院へ行く必要はない!!

あーちゃんはインスリン注射と投薬管理が必要なのに病院へも行けなくなってしまう。

もしも本当にそんなことになったら、それこそ虐待だよね。


そして、またなーにゃんに騒ぎ立てられたらたまらないと思ったのか、再発行されたマイナンバーカードもたんたんは黙ってあーちゃんに渡した。

そのため、その後トイレに行った時にあーちゃんから新しいマイナンバーカードも無事に回収し、たんたんから守ることができた。


これにて手続きは終了。

しかし、まだたんたんとのやり取りは続いた。

たんたんが一枚の紙を出してきて、「これ知ってる?」と聞いてきたのだ。

それは、区役所からの「要介護認定を受けた方へ」というお手紙で、認定結果がいつくらいに出るとか、今後の予定が書いてあった。


なーにゃんはあーちゃんが要介護認定を受けたこと、薬の管理のサービスを利用したいことなどを伝え、介護関係のことは私たちがやるので書類の送付先を変更することに同意してほしいと伝えた。……が、しかし。

「どうして僕に報告しない⁉　勝手に仕切るな‼」

と、たんたん激怒。

いや、そもそも隠してないし。たんたんが家にいた時に家で認定受けてるし。

たんたんがあーちゃんのこと何もしてくれないから介護サービスが必要なんだし。

「あーちゃんの様子に気づいてあなたがしたことは、病院へ連れて行くことじゃなくて銀行で通帳の再発行をすることだったじゃない！」

なーにゃんはここぞとばかり声を張り上げる。区役所内での口論にみんな耳ダンボ。

みんな、たんたんの極悪非道な行いをよく聞いておいて‼

「あーちゃんが薬を飲めているかだけ確認してってって言ったのに、それすらもしてくれなくて何を面倒見ているって言うの⁉」

「通帳を渡さないで薬の管理だけしろはないだろう‼」

ハア～⁉

なんで通帳を渡す＝薬の管理をする、になるのよ？

しかも、

「お前がしているのはあーちゃんの預金に2分の1の権利を持つ人への権利の侵害だ！　お前が持つ権利は4分の1だけだ！」

もっともらしく言ってるけど……それは

遺産分割のパーセンテージでしょ!!

あーちゃんは生きているんだから、あーちゃんの預金は100％あーちゃんのものでしょ！

たんたんは人目を気にして出来るだけ大きな声を出さないように、本性を出さない

どうして僕に報告しない!?
勝手に仕切るな
お前がしているのはあーちゃんの預金に2分の1の権利を持つ人への権利の侵害だ!
お前が持つ権利は4分の1だけだ!!

ように気をつけているようだったが、言っていることはめちゃくちゃだし、なーにゃんに言い返せないことも度々。

抑えきれない怒りで顔をピクピクさせていたそうだ。

ザマアミロ!!

しかし、要介護認定書を含め書類の宛先を娘たちの家に変えることは断固として拒否。

こりゃあ介護サービスを利用したくてもことごとく邪魔をしてくるに違いないぞ。

どうすりゃ良いんだ。

実の娘たちを警察に売ろうとするたんたん

2019年1月31日。

この日はたんたんに勝手に設定された、あーちゃんの通帳やマイナンバーカードの返却日だった。

ワフウフ達はあーちゃんに何度も「私たちが預かったままでいいのね？」と確認したが、あーちゃんは「たんたんに盗られちゃうからあなた達に持っていてほしいの」と答えたのでそのまま預かることにした。

すると当日、娘達からあーちゃんへ通帳やマイナンバーカードが返却されていないことを確認したたんたんからメールが送られてきた。

「本人のそちらに対する返還要求が履行されないことにつき、本人は区役所と警察に手続きに行く予定。僕は徹底サポートする」

区役所と警察に手続きに行くんですって！

被害届を出そうということかしら？　ていうか、自分のお金でもないのに!?

てことは、また訳がわかっていないあーちゃんを使って、被害届を出させようということ!?　認知症の妻を騙して、娘を犯罪者にしてでもお金を手に入れたいんだね。

異常だわ。

まぁ、家族内での金銭トラブルに警察が介入しないのはわかっていることだから全然「どうしよう！」とは思わないけど、妻の金欲しさに実の娘相手にそこまでするんだと思うと、驚くやら呆れるやら気分悪いやら……。

そして、「僕は徹底サポートする」の一文を見て脱力。

徹底サポートする所が違うだろ！

区役所や警察に行くよりも、薬や食事の管理の徹底サポートをしてくれよ!!

2019年2月1日。

タイミング的にも、曜日としても、きっとたんたんはあーちゃんをダンスサークルへ誘い、その帰りに警察と区役所へ連れて行くだろうことは容易に想像できた。

だから、前日夜になーにゃんが、

「たんたんが私たちを警察に訴えると言っているから、明日は絶対にたんたんと出かけないでね！」

とメールをしておいた。あーちゃんからは、

「行く訳ないわよ！」

と返信が来ていた。

さらに翌朝、念を押すためにワフウフが電話をしてみると、

「なーにゃんから話は聞いているわよ！　絶対に警察なんか行かないから！」

と言うので、「よしよし、ちゃんと覚えているな」と安心しそうになったところで、続けてあーちゃんが言った。

「ダンスのサークルだけでお昼ごはんも食べないでまっすぐに帰って来るから！」

ハア？　ダンスのサークルには行くんですと⁉

どうやらたんたんは、あーちゃんを色々な所へ連れて行き、あーちゃんが疲れて判断力や理解力が落ちたタイミングで銀行や区役所へ連れて行っているようだったので、警察云々の話が出る前からたんたんとは一緒に出かけないよう散々言い聞かせていたのに……その日は、

「絶対に帰りに警察に連れて行かれちゃうから、ダンスサークルに行かないで！」

と何度言っても、

「家で引きこもってばかりじゃ身体に良くないいし、私ダンスをやめちゃったからダンスサークルへ行きたいのよ！」

と言って聞かない。

（家に閉じこもってばかりじゃ良くない、というのはたんたんの誘い文句だと思われる）

なんか結局あーちゃんは、たんたんに誘われるのが嬉しいんだなー、一緒に行きたいんだなーというのが伝わってきて、ワフウフはどんどん不穏な気持ちになって来た。

…止めても行くんでしょ？
それなら仕方がないよ、
好きにすれば？

そんな言い方
しないでよ…
私、
たんたんとあなた達の
板挟みになって
いるのに…

「……じゃあ、こんなに止めてもたんたんと一緒にダンスサークルに行くのね？」

と聞いても、

「これで絶対に最後にするから！　それでいい？」

と言って絶対に「行かない」とは言わない。

「止めても行くんだね？　それなら仕方ないよ、好きにすれば？」

いったい誰のせいで警察に被害届を出されそうになっているのかと怒りがふつふつと湧いてきて、ワフウフはついものすごーく冷たい言い方をしてしまった。

するとあーちゃんは、「そんな言い方しないでよ……私、たんたんとあなた達の板挟みになっているのに……！」と、言うではないか！

ハア？　あーちゃんがたんたんと娘たちの板挟みになってる⁉

「**板挟みになってるのは私たちの方‼**」

あーちゃんを守るためにたんたんとの間に入っているのは私達よ‼」

思わずワフウフが強い口調で言うと、

「……わかったわよ、ダンスサークルに行くのは断るわ」

やっと、あーちゃんは渋々ながらも断ると言った。

たんたんからも娘達からもああしろこうしろと言われ、言われることが違うからあーちゃんが混乱するのは仕方ない。

でも、たんたんに誘われて、無自覚だとしても嬉しいと思うあーちゃんである限り、たんたんの悪意のある行動に騙されて利用されてしまうのをワフウフたちは止めようがないから困る……。

そして結局は別日に、あーちゃんはたんたんに警察に連れて行かれたようなんだけど、あーちゃんの記憶があやふやすぎてよくわからなかったよ。

ただ、その後警察からも区役所からも何の音沙汰もなかったから、きっとたんたんは相手にされなかったんだろうね～。

…で、結局警察には行ったの？
まさか！行くわけないわよ！
あら？　行ったんだったかしら…？
どっちよ？

点と線が繋がり確信に変わった たんたんへの疑念

区役所へのクレームの手紙もそうだけど、たんたんはワフウフたちに見せたいものをわざとあーちゃんのバッグに入れておく。

区役所へのクレームの手紙と一緒に、手紙の中であーちゃんとふたりで一緒に行ったと書いてあった「認知症サポーター養成講座」のパンフレットもわざとらしく2部入れてあった。僕だってやることはやっているんだアピールか。

たんたんのお得意の勉強とは違うのよ、目の前のあーちゃんを見ていないと意味がないのよ！

だけど、たんたんは私たちに見せたくないものまでちょくちょくあーちゃんのバッグの中に入れたままにしてしまうので、お陰様で気づいたこともある。

2019年1月18日。

区役所にマイナンバーカードを取りに行き、散々言い争ったあと、たんたんと別れ、なーにゃんはあーちゃんとふたりでお茶をした。

しかし、お茶をした時確認したら、あーちゃんのバッグにはお財布が入っていなかった。パスケースにも、高齢者無料パスはあったのにSuicaは入っていなかった。

本人は「おかしいわねえ……確かに入っていたのに……」と言う。

何にも持たずに来るなんて確かにおかしいなあと思ったので、帰宅後なーにゃんはあーちゃんに電話をして財布があったか聞いた。

「あーちゃんお財布あった？」

「ええ、あるわよ？」

出先で財布がなかったことなど覚えていない様子のあーちゃんは、普通にバッグから財布を取り出したっぽい。

なーにゃんがなんとなく、お財布に入っている金額を聞いたら…**ない！　前日にお財布に入っていたはずの、**

3万円がない!!

あーちゃんは12月からたんたんに年金を1円ももらえなくなった。しかし、まとまった金額を渡すとすぐに隠して失くしてしまう。

なので会うたびに少しずつお金を財布に入れてあげていた。

区役所へ行く前日の1月17日、糖尿病の病院の後にランチをした時に、あーちゃんの財布に1万数千円が入っていることを確認して、2万円を追加しておいたのだ。それなのに、翌日18日にぴったり1万円札だけ3枚がなくなり数千円だけ残っていた。

そして実は、17日にあーちゃんの財布にお金を入れた時、あーちゃんの財布から出てきた牛丼屋さんのレシートになーにゃんとワフウフは首をひねっていた。

あーちゃんはひとりで牛丼屋さんに入ることはないし、ましてや鉄火丼大盛り!?カレー大盛り弁当持ち帰り!?　なんだこれ？　と思っていたんだけど……。

これ、たんたんの買い物のレシートだよね？
あーちゃんの財布のお金で鉄火丼大盛りと、持ち帰りのカレー大盛り弁当を買って、
レシートを入れっぱなしにしたってことだよね？

そして、前日にあったはずの3万円がなくなってるのも……

もしかして、たんたんがあーちゃんの財布からお金抜いてない？

だって、たんたんと出かけている間に財布がなくなって、いつのまにか戻ってたんだよ。そして中身がぴったり3万円なくなっていた。

あーちゃんは財布の中のレシートを見ると、パンとか牛乳とか、ちょっとした食材くらいしか買わないのに、随分お金が減るのが早いなあとは思っていたんだよね。

Suicaだってさ、足りないことがないように定期的にお金を入れておいてあげてい

領収証
13時19分
オーダー時刻
No-B 4
ご飲食
577 山かけ鉄火大盛 ¥810
489 サラダ セット ¥150
489 サラダ セット ¥150
お持帰り
689 カレー大盛弁当 ¥620
ご飲食(税込)
内税品計 ¥1,110
お持帰り(税込)
内税品計 ¥620
合計 ¥1,730
(内、消費税等 ¥128)
現金計 ¥1,730
お預り ¥2,030
お釣り ¥300

た。市内は高齢者無料パスがあるから移動はただだけど、Suicaはほとんど使うことはないはずなのに……なんで失くなる!?

これも、自分が使えるからとたんたんが持って行った!?

「あーちゃんがお金がないお金がないって言うからたくさん渡してやりなさい」

とか偉そうに言っていたけど、**年金を渡さないばかりかあーちゃんの財布に入れたお金まで抜くわけ!?**

預金が手に入らないからってそこまでする!?

お財布がないわ！
おかしいわね…確かに入っていたはずなのに…

下に見ている妻子にやりこめられるたんたん

2019年2月14日。


娘達の通院の付き添いを僕が付き添うから断れ断れとあーちゃんに言いつつ、来たことがなかったたんたんが突然あーちゃんと一緒に糖尿病の病院へ来た。

あーちゃんは見るからに浮かれていて
「もう～、来なくて良いって言ってるのに、ついて来たのよ！」

とクネクネし、たんたんは周りの人に良い夫面して、

「あーちゃんの夫です。あーちゃんがいつもお世話になっております」

と挨拶をしていた。

そして、そんな2人の振る舞いにイライラを募らせるなーにゃんとワフウフ。

そんな中、あーちゃんがまた、「あらぁ？　お財布がないわ！」と騒ぎ出した。

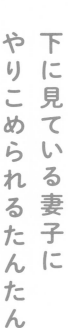

今朝は確かにバッグに入れたと言う。

まあ、あーちゃんの言うことはあてにはできないんだけどさ。

あーちゃんは離れたところに座っていたたんたんに聞きに行った。

「あなた、私のお財布知らない？　持ってない？」

「知らないよ、さっきまで自分で持っていたじゃないか」

……ほうほう、あーちゃんがバッグにお財布を入れているのをたんたんは確認しているのね。そしてそれが失くなった……怪しいのはやっぱり最後にあーちゃんの財布を見たたんたんではないかね？


あーちゃんが食い下がる。

「おかしいじゃない、2人で暮らしているのにしょっちゅうお金やお財布がなくなるなんて！」

「バッグの口が開いているから盗られたのかもしれないだろう？」

たんたんはイライラして、娘たちに言いに来た。

「あーちゃんが金がないって騒ぐから困るよ！　もっとちゃんと渡してやってよ！」

　すかさず追及する娘たち。

「会うたびに渡しているんだけどさ、すぐに1万円がなくなるんだよね……たんたん知らない？」

「僕が盗ったみたいな言い方をするな！　僕は知らないよ」

「……でも、あーちゃんの財布から、たんたんが食事したレシートが出て来たよ？」

「それは一緒にご飯を食べた時に割り勘をした分だよ！」

　山かけ鉄火丼大盛りをたんたんとあーちゃんの二人で分けて食べたとでも言うのかね。ないわ！

「ひとり分のレシートだったよ。あーちゃんは山かけの大盛りなんて食べないし」

「そんな事はあり得ない！」

「……でも、現にそのレシート、私が持っているからねえ」

　答えに窮したたんたんは、「とにかくあーちゃんに金を渡してやれよ！」と言ったので、

「会うたびに渡しているんだけどさ、すぐに1万円がなくなるんだよね……たんたん

どうしても
一緒に来るって
言うのよ〜
あーちゃん
保険証はちゃんと
持って来たか？
嬉しそう

会うたびに渡して
いるんだけど
すぐに1万円が
失くなるん
だよね…
たんたん知らない？

知らない？」

また話は振り出しに（笑）。

すると、ついにたんたんが牙を剥いた。

「そんな4万とか6万とかの話じゃないんだ！　あーちゃんの通帳とカードを返せよ！」

ワフウフはあーちゃんの財布からなくなったお金の額なんて言わなかったのに、たんたん、自分で具体的な金額を言ってしまったよ。

4万とか6万とかを財布から抜いたという自白ですか、これ⁉

「私達はあーちゃんに頼まれて預かってるの！」

と言うと、横からあーちゃんも一生懸命に

「そうよ、私が頼んだのよ！」

と口を挟んで加勢してくれた。それなのにたんたんが、

「頼んでないんだ！」

あーちゃんが頼んだと言っていることをどうしてたんたんが頼んでいないと決めつける!?

「僕が聞くとそうは言わないんだ！　自分で金を持ちたいんだろう？」

「そうよ、自分でお金を持ちたいわ！」

!?

これもね、たんたんのマインドコントロールで、こういう風に言いなさいって言われているみたいなの。

あーちゃんがたんたんに書かされたらしいメモには何度も何度もそう書いてある。

この言葉だけ聞くとたんたんがあーちゃんの意思を尊重しているみたいに聞こえるけど、**要はあーちゃんに通帳を持たせる体で自分が使おうってことなんだよね。**

あーちゃんに「自分でお金を持ちたい」と言わせて満足げなたんたん。得意げに鼻の穴を膨らませている。**そして、あーちゃんまで**

「ちゃんと言ってやったわよ！」みたいなドヤ顔。（↑オイッ）

そこへ、騒ぎを聞きつけた病院の事務長が声をかけてきた。

「他の患者様もいらっしゃるので騒ぎになっては困ります！　どうぞこちらをお使いください」

と別室に案内された。

「じゃあそうさせていただこう！」

意気揚々と別室へと歩いていくたんたん。

あーちゃんの通帳とカードを返せよ!!
…そんな4万とか6万とかの話じゃないんだ!

私お金の管理は
娘達に任せているの!

その後ろからついて行きながら、なーにゃんがこっそりとあーちゃんへ耳打ち。

「自分で持ちたいって言うと、たんたんに盗られちゃうよ」

ハッとするあーちゃん。しかし、これをずっと覚えていられるのか……。

別室へは行ったものの、「私は娘たちに通帳を持っていて欲しいの！」

と、あーちゃんがなんとか軌道修正したところで診察の順番が回ってきた。

かなり不穏な空気をまとった一家がゾロゾロと診察室へ入って行ったので、先生も驚いたことだろう。

看護師さんが家族用に椅子を3つ持ってきて並べてくれたのだが、たんたんが真ん中の椅子に足を広げて座ったのでワフウフたちは座れず。

は？　何だそれ!?　付き添いは僕だからお前たちは立っていなさいってこと？

感じ悪っ!!

あーちゃんの糖尿病の数値はまた悪化。

そして薬が飲めていないという話になると、たんたんは優しげに、

「僕の言うことを聞かないから……今度から言う通りにしなさいね」

と言った。

いや、言うことを聞かないって……せいぜい「薬飲んだ？」って声をかけるくらいのことしかしていないよね。

あーちゃんは自分は薬をちゃんと飲んでいると言い張って不穏。なーにゃんが、

「もう目の前で飲ませないと無理なんだよ！　そうお願いしているのに！」

と口を挟むと、たんたんが、

「僕が一番あーちゃんを心配しているんだ！」

と大きな声を出した。


……ある意味そうかもね。

ただ、心配しているのは「あーちゃんを」じゃなくて、「あーちゃんのお金を」だけどね。

呆れかえってワフウフが、

「生活費も渡さないで心配しているって言われてもねえ……」

と言うとあーちゃんが
「先生の前でそんな話しないで！」

と言う。どうにもこうにも収拾がつかない。

診察を終えて診察室を出ると、
たんたんがまた、

「さっきの話の続きをしよう！」

と言って別室に行こうとしたのでワフウフ達はウンザリ。

「結論は出たじゃん」

「私は娘たちに通帳を預けているの！」

たんたんは納得できないように、

「自分の金は自分で持ちたいんだよな？」と何度も聞いたが、

「良いの！　娘たちに任せているの！」

とあーちゃんも何度もハッキリと答えた。

これでしっかりとあーちゃんの意思を確認出来て、もうたんたんは何の口出しをする筋合いもないのに、どうしてもあーちゃんのお金を手に入れたいたんたんは怒りがおさまらない様子で

「あーちゃんの金をぜんぶ盗っちまいやがって……」

と憎々しげに娘たちに言い放った。

その顔……！　怒りのあまり顔が真っ白になり、小さな血走った目を見開き、顔はこんなに細かく動かせるんだと驚くくらいピクつき、

悪鬼の如くだった。

ワフウフにはあれを描くだけの画力はない。

そして、あーちゃんの**「娘に全て預けている、任せている」という言葉を聞いた上での「盗っちまいやがって」発言。**

ワフウフは優しげに、

「え？　何言ってるの〜？　あーちゃんの言ったこと聞いてたよねえ？　大丈夫う？」

とたんたんの腕をぽんぽんしてやった（笑）。

女子供は自分が強く出さえすれば言うことをきかせられると思っているたんたん。

今のあーちゃんはそうかもしれないけど、あーちゃんには世間ズレして強くなったアラフィフＢＢＡの娘たちが付いているのよ！

そうは問屋がおろさないわ!!

えー？
何言ってるの？
あーちゃんの言った事
聞いていたよね？
この話は
おしまいね♡

COLUMN
2

あーちゃんの純情

あーちゃんはたんたんに誘われると、どうしても出かけてしまう。

ダンスサークルへ行くとか買い物に行く、というだけならまだ良いのだけど、大抵のたんたんとのお出かけには区役所や銀行、警察などがセットでついてきて、あーちゃんはたんたんに余計なことばかりさせられてしまう。

「あの人は頭が良くて上手い事を言うから、私すぐに騙されちゃうのよ」

「だって、自分の夫がそんな人だなんて思いたくないじゃない？」

これはあーちゃんの言い訳でもあるけど、ある意味、あーちゃんの本音なんだと思う。


たんたんを頼りたい、たんたんを信じたいと心の底で思っているあーちゃんの純情。

昔からそう思ってきて散々騙されて裏切られてきたのに、昔、たんたんにされたひどいことの記憶が薄れてきてしまったあーちゃんは今またたんたんに騙され利用されようとしているのだ。

たんたんは結婚して半世紀以上、あーちゃんの純情を踏みにじり続けている。

はらわたが煮えくりかえるとはこの事だね。

とはいえワフウフたち娘にできる事は、常にたんたんの行動に目を光らせて、何かやりやがった時にはひとつひとつ解決していくことしかないんだけどね……。そうやって常に神経を張り詰めていることがアラフィフのワフウフにはだんだんとしんどくなってきていた。

たんたんはあーちゃんの預金を手にするまでは決して諦めることはないだろうから、いつまでたんたんとの攻防戦が続くんだと考えると正直自分の気力がどこまで持つか不安になる。

そう考えるとまるで気力が萎える気配のない82歳のたんたん、恐るべしだな……！

その気力と（悪）知恵をもっと違う方向に活かせれば良かったのにね。

第3章

あーちゃんを救い出せ！

何も進まないうえにたらい回し

2018年12月17日。
地域包括支援センターに相談に行き、要介護認定を申込みした。

2019年1月17日。
要介護認定を受けた。
当初の予定では、2月8日前後に要介護認定結果の通知が来ることになっていた。

しかしその後、区役所から1通の手紙が届いた。
手続きが遅れているので認定結果が出るのは、当初の予定の8日前後から21日前後に変更になる、という手紙だった。

実は、あーちゃんの郵便物がワフウフ宅へ届くように転送届を出してあったので、その事を知ることが出来て本当に助かった。

たんたんはその通知を見ても決して娘たちに教えてはくれなかっただろうから。

だって要介護認定を拒否しているくらいだもの、認定結果だって握りつぶして娘には見せないよね！　ちなみに、たんたんが区役所に要介護認定の取り下げに行ったかもしれない、と心配になったワフウフたちは地域包括支援センターに連絡を取って確認してもらったところ、

取り下げられてはいなかった！

（そもそも取り下げなんて出来るのかしらんけど……）


そして、介護関係の書類を娘たち受け取りにしたいと伝え、区役所の方で直接相談するから、どの部署にあーちゃんの件を伝えているのかを確認したら……、

「2月15日に区役所とカンファレンスを行う予定です」とのお答えが。

……って、まだ、まったく区役所に話が通ってないのかーい!!

え……最初に相談した時から2ヶ月近く経ちますけど?

電話やメールも含めて、5回ほど相談させていただきましたけど?

「薬の管理だけでも前倒しに始めましょう」と言われたのも、そのままだし。

そりゃあ、段取りとか順番とか色々あるんだろうけどさ……、地域包括支援センター側が、いかにあーちゃんの件に緊急性を感じていないかがよくわかったよ……。


法務局の人権擁護のネット相談もしたんだよ。

地域包括支援センターや区役所にも相談したが何の進展もないということも伝えて。

そうしたらさ、地方法務局から来た返事が「ご相談の件については、高齢者の暮らしをサポートする地域包括支援センター等に相談されてはどうでしょうか」よ。いや、

2月15日に区役所とカンファレンスを行う予定です

だからさ、**地域包括支援センターに相談した結果、どうもならないから法務局のサイトで相談したって書いたよね？**

法務局も区役所も地域包括支援センターもお互いの出方を見るばかりで何にもせず、たらいまわし。

何だかなあ……。子供の虐待死のニュースが流れる度に行政の対応や認識の甘さが批判されるけど、当然だよなあ。

あーちゃんだってさ、もしも娘たちがついていなくて、たんたんにずっと放置され続けて廃人のようになったとしても、発見されるまでは行政は動かないし問題にもしないってことでしょ。**それじゃ遅いんだよ。**廃人のようになって欲しくないから、

今対応してほしいのに！

でも、お上の動きが悪くてどうにもならないのはたんたんも同じなんだけどさ。たんたんだって訴えかけても区役所にも警察にも相手にされないんだもんね。

認知症の先生からの思いがけない提案に動揺

地域包括支援センターで相談した時、たんたんのDVが暴力による命に関わるものではないとして、**あーちゃんはDV被害者としての緊急救済措置の対象にはならない**といわれた。

確かにたんたんのDVは経済的なものと精神的なもので、暴力はない。

だけど、認知症患者であり糖尿病患者であるあーちゃんが自分では出来ない服薬管理や食事管理を、同居していながら一切せずに放置して必要な通院を反対し、外的な介護支援の邪魔までするというのは、**即座にあーちゃんの命には関わらなくても、**

蛇の生殺しのようなものではないか。

たんたんが直接手を下してはいないけれど、あーちゃんを少しずつ弱らせようとしているようなものではないか。**直接手を下すよりもむしろ悪意を感じるんだけど。**

そして実は、たんたんに年金を減らされてあーちゃんの不穏がひどかった時期に、認知症の病院の先生から思いがけない助言をいただいていた。

険しい顔つきをして、上手く頭が回らないあーちゃんを診察してくださった先生に、たんたんが娘たちが持っていることを知りながらあーちゃんの通帳を再発行した話をすると、先生はこう言われたのだ。

「精神的な不安がこの病気には一番良くないんです。とても良くない状況ですね。お父さんと離さないと！」

「はい、来週父と話すことになっています！」

と、答えると、

「その『はなす』じゃなく、物理的に！」

ワフウフはひどく驚いた。

うおおおおおっ
し…施設!?
考えた事もなかった!!

「え……？　離すって……施設とかって意味ですか……？」

「施設も良いと思いますよ！　とにかくお父さんから離さないと！」

「……でも、認知症って、環境を変えると悪化するんじゃないんですか？」

「どちらのリスクを取るかですよ。お母さんの場合、お父さんと離す方が安定すると思います。環境を整えてあげて精神的に落ち着くと、症状が改善することも多いんです」

そして、先生は付け加えた。

「お母さんの今の状態をわかった上でお父さんが通帳を再発行させているなら、**相当悪質ですよ！**」

先生の言うことはとても腑《ふ》に落ちる。

しかし、なんの心の準備も出来ていない状態で突然出てきた施設の話にワフウフもなーにゃんも頭と心がついていけないのであった……。

あくまでもワフウフたちの場合、という前提での話だが……。あーちゃんが認知症だとわかってから、なーにゃんと施設について話したことはある。

ワフウフたちの中で施設は最終手段だった。

あーちゃんが1人で何も出来ないようになって娘たちの事もわからなくなってしまったら施設もやむを得ないだろう、というのがワフウフたちの考え。

ワフウフたちのおばあちゃんはアルツハイマー型認知症だったが、病院や施設を転々とした結果、認知症がどんどん進んだ。そのイメージが強いのもある。

それにもちろん、あーちゃん自身も家を出て施設に入ることを断固として拒否するだろう。そもそも集団生活に向いている人でもない。

そして、あーちゃんはある程度のお金は持っているとはいえ、あと何年生きて、病気や怪我などこれから何にお金がかかるかわからない状況で、入居金ウン千万月々ウン十万みたいな施設には入れられない。

何かあるたびに険しい顔つきになり、げっそり痩せてしまうあーちゃんを見ていれば、たんたんと離したほうがあーちゃんの精神的ストレスが減るのはわかっている。

でもあーちゃん自身、無意識だろうがたんたんに依存しているような部分も見られるし……。

どうしたらいいんだろう。何をするべきなんだろう。何ができるんだろう。

時間がもったいない！自分たちで動くことを決断

あーちゃんの郵便物はワフウフの家に届くように転送届を出してある。しかし、もしも要介護認定書と介護保険証が「転送不要」で送付されてしまったら、たんたんの手に介護保険証が渡ってしまう。

健康保険証と介護保険証、2つの身分証明書が揃えばまたたんたんの**再発行祭**が開催されてしまうだろう。

ワフウフたちは困り果てて2019年2月15日に区役所に相談に行った。

すると……なんと、**たんたんは区役所で有名人になっていた。**

相談を持ちかけた途端に窓口のお姉さんの身体が目に見えてビクンと震えるほどの反応があり、すぐにたんたんのことだとわかってくれたのだ。

お姉さんは急に親身になって対応してくれた（笑）。

すみません、ちょっとご相談が…
びくっ
実は父が母の介護認定に反対していまして…
あの…もしかしてお電話を下さった…？
お手紙も下さった方…ですよね？

結局、本人もしくは要介護認定の申請をした人ならば区役所の窓口で認定結果を受け取れるので、認定結果が出る日を確認して直接受け取りに行く約束を取り付けた。

さらに、今後の介護関係の書類の送付先も、

「こういうご事情ですから、変更の手続きをしても大丈夫ですよ！」

と言われて、同居人であるたんたんの署名捺印をワフウフたちがすることに目をつぶってくれて、無事変更できた。

ついでに後期高齢者の医療保険証の送付先までワフウフ宅へ変えてくれた。杓子定規な区役所でこんなに融通をきかせてもらったのは初めてだよ。

そして、**2019年2月21日。**

無事に窓口で直接、要介護認定結果を受け取ることが出来た。結果は……

要介護2!!

正直言えば、予想よりも要介護度が高かった。

だってあーちゃんは身体的な動きには何も問題はなく、1人で着替えもトイレも出来るんだよ。せいぜい要支援とか、要介護がついても1だろうなと思っていた。

それだけ認知症の症状が悪いと受け止められたのか、はたまた生活環境が悪いから手助けが必要だと受け止められたのか、それはわからないけど。

認定結果が出た報告の電話を地域包括支援センターにした際に、たんたんの様子も報告したのだが、「それじゃあしばらくお父さんの様子見ですね」と言われて、

そのまま放置されているんだけど、そんなのあり!?

要介護認定を受けた日からは前倒しで介護サービスを利用できると言われたので、認定を受けた日に投薬管理のサービスを利用したいと伝えたところ、

「あーちゃんさんに一番良いと思えるプランを考えます」

と言われたまま、もう2ヶ月経つんだけど！


別に愚痴を聞いてほしいわけじゃない。具体的にあーちゃんを助ける方法を教えてほしいのよ。正直もう、全然頼りにならなくてね……自力でなんとかするしかないと思うようになって、この頃から民間の高齢者施設の紹介所みたいなところを見つけて、施設を探し始めた。だけどね、

「薬を全く飲めていなくて症状が悪化するばかりなので施設入居を考えています」

と伝えると、「……それは、最終的に考えることですよね」と言われた。

なぜか、不満そうに。

最終的にも何も、支援や介護が全く始まってすらいないのに、このままあーちゃんの具合が悪くなっていくのをただただ見ていろって事？

お話にならない。

要介護2
このままじゃ
あーちゃん、ずっと
薬が飲めないまま
だよ！
もう自分たちで
動くしかないよ！

「このままじゃあーちゃんはずっと薬が飲めないままだよ！」

「もう自分たちで動くしかないよ！」

多少お金はかかるけどその分サービスの良い民間の方が良いやと思い、在宅での介護サービスの利用ではなく、施設入居で話を進めることにした。

ワフウフたち姉妹がそれくらい切迫するほど、色々な手順を踏んで介護サービスの利用を開始するのを待っていられないほど、あーちゃんは年末からほとんど薬を飲めていないのだ。そして、当然状態もどんどんひどくなっている。

あーちゃんにはせめて今の状態くらいでとどまっていてほしい。あまりにも認知症の進行が早いのだ。

在宅で介護サービスを開始したって、たんたんに邪魔されて思うようにいかない期間があるのは避けられないだろう。


そういう無駄な時間は省きたい。

踏み出すきっかけとなった出来事

認知症の病院の先生にたんたんとあーちゃんを離すべきと言われてから、ずっと施設のことは頭にあった。

それで、ネットで調べたり、地域包括支援センターでもらった冊子を見たりはしていたけれど、その先のもう一歩まではなかなか踏み出せずにいた。

きっかけとなったのは、たまたまなーにゃんの家から2、3分の場所にある高齢者住宅で入居者募集の看板が出ていたこと。その看板に問い合わせ先として高齢者施設の紹介会社が書いてあり、その会社はなーにゃんの家の最寄り駅にあったのだ。

それで、話を聞きに行ってみようかという事になった。

実は、そこに話を聞きに行こうと思った事にもきっかけがあった。

2019年2月18日。認知症の病院の診察の日、朝、あーちゃんから電話があったのだ。

「お金が一銭もないから出かけられないわ……」

高齢者無料パスで病院まで来るように言っても、高齢者無料パスもSuicaもないと言う。

前日に電話して待ち合わせの約束をした時には全て持っていたはずなのに……。

自分でいつもの場所から動かして忘れたのか、たんたんに財布の中身を盗られたのかはわからない。だけど少なくとも、

「病院は僕が付き添うからなーにゃんたちは断れ！　前の日の晩までには電話しろ！」

としつこくあーちゃんに言う割には、病院に付き添って来たのは病院で言い合いになったあの一度きりだし、こういう時にあーちゃんを連れて病院へ来ることはない。

どうしようもないので急遽、病院に間に合うようにあーちゃんを家まで迎えに行った。

待ち合わせも最近は出来なくなってきて、約束の場所に来られないことも多いし、そうするともう病院の付き添いの時は毎回家まで迎えに行かなくてはならない日が相当近いということだ。……正直、これはかなりキツい。

病院までだって片道1時間強かかるのに、実家まではもっとかかるのだ。

たんたんの協力がないどころか邪魔ばかりされつつの、離れて暮らしながらの

あーちゃんの介護に限界を感じたのだ。

高齢者施設の紹介所で聞いてみたところ、なーにゃんの家から2、3分の場所の高齢者住宅は認知症対応をしていないところだったので、あーちゃんの入居は無理だったのだが、別の認知症対応のサービス付き高齢者住宅をひとつと、老人ホームをひとつ紹介いただいて、その日のうちに見学の予約を入れることが出来た。

あーちゃん今行くわ！
待ってて!!

こちらでしたら認知症に対応しています
一部屋だけ空きがあるそうです見学してみますか？

あーちゃんに合う施設選び【施設見学】

高齢者施設紹介所ではふたつの施設を紹介してもらい、予約を入れてもらった。


ひとつはAホーム。こちらはいわゆる老人ホーム。

認知症対応。看護師さんが常駐していてインスリン注射もしてくれる。提携している病院があり、訪問医がホームに来てくれるので中で治療を受けられる。

そしてなーにゃんの家からとても近い。

費用面は、入居金があるが、まあ目の玉が飛び出るほどの値段ではない。


もうひとつは介護サービスつき高齢者住宅のB住宅。

こちらはなーにゃんの家から電車でふた駅ほど。

認知症対応だが「住宅」なので介護サービスを利用するのは自宅と同じ扱い。

通院も個々で。もちろん付き添いなどを頼むことも出来る。

入居金はなし。月額料金はどちらも大して変わらない。


はじめは通いやすいという面でAホームに心惹かれたが、紹介所の人曰くあーちゃんよりもっと年齢が上で、要介護度も高い層が多いとの事。

ただでさえ（ウィッグをつけていれば）かなり若く見えるあーちゃん、しかも昔よりだいぶ動きは遅くなったとはいえ自分で難なく動ける。そして認知症の自覚もなし。

ホームの自立度の低い入居者さんを見たら、

「どうしてここで暮らさなくちゃいけないの？　私は何でも出来るのに！」


とショックを受けてしまうだろうか……、という心配をしていた。

実際には自分でできなくなっている事はどんどん増えているけど、何しろ本人にその自覚がないからさ。

しかし、**2019年2月28日。**

実際に見学に行ってみたら（あーちゃん抜きで）、ソファセットでおしゃべりしているおばあちゃんたちもいるし、杖をついていても自分で動き回っている人たちが沢山いた。

そして思っていた以上に介護士さんの数が多くて目が行き届いている感じ。介護士さんも入居者さんも明るい。

そして、「狭いですよ」と言われたけれど、見学させてもらった一番小さな部屋でもそれなりにゆったりした造りの部屋で（そりゃそうだ！　車椅子の人も使うんだもんね）。

しかもたまたまだけど、なんと窓からなーにゃんの住んでいるマンションが見えた。

見学に行った時に実際に歩いてみたら、なーにゃんの家からゆっくり歩いても10分かからないくらいの近さだった。

もうひとつ施設を見てみないと決められないが、家から歩いて行けるAホームも捨てがたく、悩みに悩んで仮押さえさせてもらった。

2019年3月2日、2つ目の施設見学。

なーにゃんの家から2駅と説明されていたが、調べてみたら3駅か4駅だった（どちらの駅からでも行ける）。駅からは5～6分ほど。

建物も施設内もとても新しく綺麗。個室には小さなキッチンもあり、料理をできていると言い張っているあーちゃんは喜びそうだった。B住宅は食事はついていなくて、必要な場合は1食ずつ申し込める。

各階にバスユニットがいくつかあり、予約して利用する。洗濯機も備え付けのものがいくつかあり自由に使える。

「高齢者」の住宅ではあるが、ここはあくまでも住宅でフォローは頼めるけれど最初からフォローがあるという前提ではない、と施設の責任者さんに説明された。

ここは（別料金だが）独自のプログラムの習い事なども施設内で出来るし、施設内も

どうしてここで
暮らさなくちゃ
いけないの？
私は自分で何でも
出来るのに！

綺麗だし、団体行動が苦手なあーちゃんにはプライベートも守られそうだし、良いと思った。……数年前なら。今はもう、あーちゃんにとってはフォローが足りないと思う。

今のあーちゃんにはもっとガッツリとした見守りが必要だと思う。

予約してユニットバスを使えるといっても、予約の日にちも時間もわからないし忘れちゃうだろう。

自分で洗濯をして良いといっても洗濯機の使い方は覚えられないだろう。ていうか、それらの場所すら覚えられないと思う。

これからどんどん出来ないことが増えていくだろうに、今この時点でフォローが心配なくらい。

あーちゃんよりだいぶ高齢の方が多いとあーちゃんはショックを受けるだろうと思

っていたけど……、自立している人ばかりの中で

認知症のあーちゃんが浮く方が辛いかもしれない。

責任者さんは「7割くらいの方は同じ話ばかり繰り返すような状態の方ですよ」「要介護5の方もいらっしゃいますよ」

とは言っていたけど、居住者の方に1人も会わなかったので実際のところどんな感じの方が多いのかは全くわからなかった。

もちろん一筋縄ではいかない施設入居

ふたつの高齢者施設を見学したが、あーちゃんのこれからの状態を考えて、入居者へのフォローが手厚い、介護付き有料老人ホームのAホームに正式に申込みをすることに決めた。

しかし、入居するのはあーちゃんだ。まずは本人から同意をもらわなければならない。認知症とはいえ、あーちゃんには意思も感情もあるのだ。

2019年3月25日。

Aホームの面談&契約を3日後に控え、なんとかあーちゃんからハッキリとしたYESを引き出そうとあーちゃんをお昼ごはんに誘った。ランチをしながら、

「なーにゃんの家の側に引っ越そうよ。その方が私たちも会いやすいし。たんたんはしつこくあーちゃんのお金を狙っているし」

と、言葉を尽くして引っ越しを説得した。しかし、あーちゃんは、

「**だけど**、お金がかかるでしょ？　私そんなにお金持っているの？」

「**だけど**、なーにゃんの家に近いと迷惑じゃないかしら？」

「**だけど**、引っ越す時はどうやって家を出るの？」

「**だけど**、たんたんはきっと怒り狂って私を探すわよね？」

「**だけど**、病院はどうするの？　きっとたんたんは病院までくるわよ？」

説明しても説明しても「だけど」「だけど」の繰り返し。

あまりに繰り返すので焦れったくて、

「色々と心配はあるだろうけど、引っ越し自体は嫌じゃない？」

と直接的に聞いても、

「そうねえ……だけどお金は？　お金がかかるでしょ？」

と、また振り出しに戻ってしまい、明確な答えが引き出せない。

結局30分近く意味のない会話の繰り返しで終わってしまった。

結局、あーちゃんのはっきりとした同意を得られないまま契約の日を迎えてしまっ

たので、「お部屋を見に行ってみよう」とあーちゃんをAホームに連れて行った。

入り口で老人ホーム名を確認するあーちゃんを見て、中に入るのを拒否されるのではないかと内心ドキドキした。まずはAホームであーちゃんの場所となる、お部屋を見た。

介護用のベッドや、ベッド横にあったナースコールボタンを見てあーちゃんは何を思ったのかわからないが、少し表情が硬くなったような気がした。

それからホームの応接セットに場所を移して必要書類の確認と契約。

（本当はダメなんだけど）営業の方は病院の診断書を見せてくれた。糖尿病の病院の先生も認知症の病院の先生も、

「夫の協力が得られず薬や食事の管理が出来ない」

と診断書に書いてくれていた。

だけど、
お金は
足りるの？
だけど、
たんたんは
怒り狂うわよね
だけど、
どうやって
家を出るの？
だけどだけど
だけどだけど…
ドキッ
介護付き
有料老人ホーム
〇〇ホーム…
ここなのね

「何が書いてあるの？　見せて！」

自分をどう書いてあるのかが気になったあーちゃんが、かなり険しい顔でワフウフの手から診断書の紙を強引に奪い取ろうとしたので驚いた。

ただ、認知症の病院の診断書にはもろに**「アルツハイマー型認知症」**と書いてあったので、あーちゃんは見たら傷つくだろうと、

「お薬のことが書いてあるだけだよ」

と言ったのだが。営業の方が「これはこちらでお預かりしますので〜」と言ってすうっと診断書を持って行ってくれたので助かった。なんとなく雲行きが怪しくなってきて、なーにゃんもワフウフも内心ヒヤヒヤしていた。

契約書類を確認のために読み上げる営業の方に、あーちゃんは何度も

「何を言っているのかよくわからないわ！　どこに書いてあるの？」

と文句を言ったが、

「引っ越すための書類だよ」「契約しても大丈夫？」

と聞くと、

「私よくわからないからあなた達に任せるわ！」

と言って素直に署名捺印はしてくれた。

（こうやって、たんたんにも言われるがままに署名捺印させられているんだろうな……）

そして契約が終わるとホームのケアマネさんが登場。あーちゃんの生活にどんな補助が必要かを確認するためだったので、営業の方があーちゃんを連れ出してくれた。

あーちゃんは自分で出来ていると自己申告するだろうが、とにかく薬の管理をお願いしたいこと、そしてお風呂や着替えが出来ているかわからない状態なので、清潔を保ってほしいとお願いした。

なーにゃんとワフウフがケアマネさんとお話をしている間、営業さんと一緒に同じフロアにある食堂へ行ったあーちゃんが楽しそうに話している声がずっと聞こえて来て、ホッとした。契約の時は強張った顔をしていたように見えたけど、おしゃべりをして戻ってきたあーちゃんは晴れやかな顔をしていた。

そして意外だったのだけど、帰り道に

「あそこなら楽しく暮らせそうね！」

と言ったのでひと安心だった。

2019年3月28日。無事にAホームとの契約を結んだ。

後は入居金と2ヶ月分のお金を振り込めば無事にAホームへの入居ができる。

どうなることかと思っていたけど、帰り道に笑顔だったあーちゃんを見て、ワフウフたちは胸を撫で下ろしていた。

しかし、翌日3月29日の朝、あーちゃんからなーにゃんに電話がかかってきた。

「あそこに閉じ込められると思うと、苦しくなっちゃうのよ……」

泣き出しそうな声で訴えてくるあーちゃん。

閉じ込められる、というのはホームから自由に出られないこと。何も問題ない人は届けを出せば出入りが自由なのだが、あーちゃんの場合ひどい方向音痴なのと、引っ

何だかよく
わからないから
あなた達に
任せるわ！
ここに名前を
書けばいいの？

ほんとー？
良かった
良かった！
あそこでなら
楽しく暮らせ
そうね！

越ししたことを忘れたり、里心がついて家に帰ったりしてしまう可能性も否めないために、外に出るのは娘のどちらかと一緒の時だけでと契約の時にホームにお願いした。

その事を言っているんだと思う。

「あーちゃんは方向音痴だから、1人じゃ迷子になっちゃうでしょ！」

と言うと、

「じゃあ慣れたらひとりで出かけてもいいの？」

これには仕方なく、「そうだね」と答えてしまったが……。

もう半年くらい認知症の病院へ通っているけど、まだ駅から5分ほどの道を覚えられないあーちゃん。まあ、ホームの周りの道を覚えるのも無理だと思うけどねえ……。

そして、

「ああいう所はボケた人が入るんでしょ？　私は何でも自分でちゃんと出来るし」

失礼な言い方だけど、前日ホームでお話しした数人のおばあちゃんたちは、身体的な不自由はあってもあーちゃんよりよっぽど頭はシッカリしていた。なので、

「ボケた人なんてとんでもない！　足が悪いとか、1人で不安だとか、そういう人は

たくさんいるよ！」

と言い聞かせ、

「このままだとたんたんにずっと騙されつづけるよ！」

と話した。

「自分で全部出来ている」という部分を否定するとかなりムキになって抵抗してくるので、たんたんを理由に引っ越しを勧めるのが無難なようだ。

とにかく、

「あーちゃんにたんたんから離れて楽になってほしいんだよ！」

と辛抱強く言い続けたなーにゃん。

引っ越す引っ越さないの結論を出さないまま曖昧に電話を切ったが、前日は良い反応をしていたあーちゃんにホッとして気を緩めていただけに、なーにゃんとワフウフの落胆は大きかった。

やはり一筋縄では行かないよねえ。

認知症の先生の鶴の一声に助けられた引っ越し11日前

老人ホームと契約を済ませたものの、あーちゃんが嫌だと言い出し、入居金の支払いが出来ないという宙ぶらりんの状態にあった2019年4月8日、糖尿病の病院に続き、認知症の病院にまでたんたんがやって来た。

同じ家から出て同じ病院へ行くというのにバラバラに来たふたりだったが、あーちゃんはたんたんを見ると嬉しそうな顔をして、「もう～！　何で来てるのよ♡」と、たんたんの頭をぽかり。

たんたんもニヤニヤしながら「イテ☆」とか言っている。

ワフウフたちは白けた気持ちになった。

たんたんに心配されていると思ってあーちゃんは嬉しいんだろうね……。

もう〜！何で来てるのよ♥
ポカ
イテ☆
先生、いつもお世話になってます
あーちゃんの夫です

たんたんはあーちゃんを心配して病院に来ているわけじゃないのに。

でも、そういう気持ちが施設に入ることを邪魔するのもあるのかな……。

診察室に呼ばれた時、たまたまたんたんはトイレに行っていた。その間に先生と少しだけお話し出来た。あーちゃんが、

「先生、今日は主人も来ているんです……」

と言うと、先生は

「それは大変だ！」

とおどけた顔をしてあーちゃんを笑わせ、ワフウフたちに「もう引っ越し先は決まったんでしょ？」と聞いて来た。

「もう契約は済ませたんですけど……本人が後になってちょっと抵抗していて……」

と答えると、先生はあーちゃんに向き直り、

「あーちゃんさん、絶対に引っ越すといいですよ！　絶対にです!!」

と言ってくれた。するとあーちゃんは、

「わかりました、先生がそうおっしゃるなら……」

と、しおらしく答えたではないか！


しかし、自分がそう答えたという記憶がいつまで残るものか……。


そうこうするうちに、トイレから出て来たたんたんを看護師さんが診察室に連れて来てくれた。

しかし、それまでにこやかにワフウフたちとお話をしていたのに、たんたんが診察室に入っても机に向かって背中を向けたままの先生。その背中にたんたんが、

「先生お世話になります、あーちゃんの夫です」

と声をかけたが、先生は振り向きもせずに「じゃあ今日はこれで」と、診察を終えようとした。

たんたんは良い夫ぶって色々話そうとするが、とりつく島もない先生。先生のあま

りの塩対応に怯《ひる》んでしまったたんたんは、何も聞けずに診察は終わってしまった。

診察を終えて一番最後に診察室を出ようとしていたワフウフに先生が凄い勢いで手招き。二人になると、たんたんの前とは打って変わってにこにこしながら、

「次の予約はいつにしますか？　これからは施設の方で診てもらう？」

と言うので、

「いえ、認知症はこのまま先生にお世話になりたいです」

と言うともっとにこにこして次の予約の日を決めてくれた。たんたんの前で予約を取らないように配慮してくれたようだ。そして、

「お母さんは絶対にお父さんから離した方がいいです！　僕の名前を使ってもいいから頑張って説得してくださいね！」

とまで言ってくださった。

病院の後、たんたんとは別れ、お昼ごはんを食べながらまた引っ越しの説得をした。

「先生が絶対に引っ越しした方がいいって言っていたでしょ？」

あーちゃんさん
絶対に引っ越すと
いいですよ！
絶対に
です!!
わかりました
先生がそう仰る
なら…

私
引っ越すわ！

「先生がたんたんと暮らすストレスがあーちゃんに一番よくないって」と、認知症の先生の言葉を強調して、先生があーちゃんを心配していることを前面に出しながら。

するとあーちゃんは、「あの先生は本当に私のことをよくわかってくださってるわよねえ」

と感激して、「私引っ越すわ！」と、初めてハッキリ言ってくれた。

ホームとの契約の日に決めた入居の日は**2019年4月19日。**

引越し11日前にして、なんとか本人の同意を得られた。

良かった……。良かった……！
良かったぁ〜!!

引っ越しするのは自分だって わかってる!?

引越し準備って普通でも大変だよね。

あーちゃんの場合はたんたんに気づかれないようにするから余計ね。

しかもあーちゃんがやっと引っ越しを決意してから引っ越しまでは10日ほどしかなく、更には準備に使える日数が殆どない。一応、計画としては、

①貴重品と大事なもの（写真とか）以外は最低限の物を持ち出す。

②たんたんがダンスのサークルへ行っている間にまとめた荷物をホームへ移動。

（引っ越し屋さんに頼まずに、**なーにゃんの旦那さんのしんちゃん**と、**ワフウフの夫・ワフワフ**に手伝ってもらい自家用車で荷物を運ぶ）

③たんたんに大騒ぎされないように、引っ越しした当日にあーちゃんの携帯から「しばらく入院します」とだけメールする。

こんな感じ。

あーちゃんが自分の荷物を大掛かりに持ち出してしまうと、怒り狂ったたんたんが「離婚だ！（＝財産分与だ！）」となる可能性もあって面倒だし、あーちゃんの居ない家に女性を連れ込んだりするかもしれない。

なので、あーちゃんの部屋には荷物を残したまま出て行くことにした。

2019年4月15日月曜日、あーちゃんの家の最寄り駅で待ち合わせをしてお昼ご飯を食べて、そのまま家に行き荷物をまとめた。

たんたんは自室にこもっていたので挨拶もせず、あーちゃんの部屋で荷造り。

運び出しやすく、かつ嵩張ってたんたんの目に留まらないように、大きな洗濯ネットに衣類をまとめて、あまり使っていない洋服ダンスの奥に突っ込んでおいた。

そして、持っていきたい物で当日動かすものを確認した。

最低限の荷物、とは言ってもやはり結構な量になった。

途中途中、あーちゃんは、

「私、引っ越すのよね？　引っ越す準備をしなくちゃね！」

と、分かっているのか分かっていないのか分からない発言を繰り返した。

それを今やっているんです……！

そして、部屋に溢れかえった荷物を見て、「荷物がいっぱいね。片付けなくちゃね」と言い出す始末。

引っ越し準備をしているんです！

しかも、地元の合唱団サークルみたいなチラシを持って来て、「私ねえ、ダンスをやめちゃったのよ。だから近くの合唱団にでも入ろうと思って！」とか言い出した。

いや、だから、引っ越すんだってば!!　だ、大丈夫かしら……!?　作戦、わかってるかしら!?　作戦どころか、

引っ越すのは自分だってことがわかってるかしら⁉

引っ越しを翌日に控えた2019年4月18日。

最後の糖尿病のインスリン注射の付き添いをした。そして、病院の皆さんにご挨拶をして病院を後にした。


帰りに携帯電話のショップへ。

引っ越し後におそらくたんたんがあーちゃんの携帯へ電話をかけてくることを想定して、あーちゃんの携帯電話の番号を変えに行ったのだ。

「番号を変えれば、引っ越しした後にたんたんから電話がかかってくることはないものね！　安心だわ！」

と喜ぶあーちゃん。

私って引っ越すのよね？
引っ越す準備をしなくちゃね！
これもそっちに入るー？
あら…荷物が沢山ね
片付けなくちゃね
持って行くタオルやパジャマ
持って行くバッグ

引っ越し当日まではあーちゃんに旧携帯を持たせて、引っ越しが完了したら新携帯を渡す事にした。これで、引っ越しまではたんたんはあーちゃんが携帯を新しくしたことに気づかないし、引っ越し後にはたんたんが直接あーちゃんに連絡を取ることは出来なくなる。

くっくっくっ……完璧よ！

それから、昼ごはんを食べてあーちゃんを自宅に帰してから、なーにゃんとワフウフはトランクルームの契約へ行った。

ホームの部屋にはあまり収納はないので、運び出したあーちゃんの荷物がどう考えても入りきらない。季節ごとに洋服を入れ替えるつもりで契約することにしたのだ。

それが済んだら、ホームから言われた日用品を揃えてあーちゃんの部屋に持ち込み、二人でせっせと名前書き。そして、施設長さんやスタッフさんに明日から宜しくお願いしますとご挨拶してホームを後にした。

準備は整った。

やれることはやった。でも……

「それじゃあ私は引っ越しの日までに荷物をまとめておけばいいのよね？」

と、前日になってもまだ言っているあーちゃん。

あーちゃん大丈夫か……？　余計なことするなよ？　間違ってもたんたんに「明日引っ越しだから」とか言うなよ？　当日何かハプニングがあれば臨機応変に対応するしかない。凶と出るか吉と出るか……。

あーちゃんの今後の人生がかかっている。なんとかやり切らねば。

離婚だ……!
(=財産分与だ!)

それじゃあ私は引っ越しの日までに
荷物をまとめておけばいいのね?
……え?

鬼の居ぬ間に嵐のような引っ越し

2019年4月19日。

ついにあーちゃんがたんたんから逃れてホームへ引っ越す日が来た。


たんたんは午前中ダンスサークルへ行く日だ。

「たんたんのダンスサークルは何時から？」

「確か9時からだったと思うわ」

「じゃあ何時に家を出るの？」

「9時過ぎじゃなかったかしら」

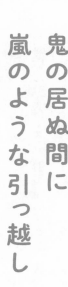

あーちゃんに聞いてもだめだ……。

それによって引っ越しを始める時間が変わってくるのだが……。
しかもたんたんは昼ごはんを家で食べるくらいの時間には帰ってくるらしい。
どう考えても時間に余裕がない。たんたんが帰宅した時には必要な荷物をすべて運び終えて、あーちゃんは雲隠れしていなくてはならないのだ。

そこでなーにゃんとワフウフは、9時にはあーちゃんの家の最寄り駅で待機しておき、たんたんが出かけた事をあーちゃんに電話で確認してから直ちに実家へ向かった。

ところが、やる気満々で引っ越し作業をしようとしているなーにゃんとワフウフを玄関で迎えたあーちゃんは、なんとまだスッピンにパジャマ、ノーウィッグだった。

え……時間無いんですけど？　引っ越しするって分かってる!?

慌ただしく荷物をまとめ出すなーにゃんとワフウフを尻目に、あーちゃんは台所で

あら
なーにゃんちゃん
ワフウフちゃん！
ウィッグ
無し
朝早くから
悪いわねえ

たんたんが
帰って来る前に
家を出るよ！
急いで
支度して！

のんびりお皿を洗っている気配。え……ちょ、本当に大丈夫!?

今から夫の目を欺《あざむ》いて引っ越しをするのはあーちゃんなのよ!!

のんびりと台所で片付けをしているあーちゃんを「とにかく着替えて！　たんたんが帰ってくる前に家を出るよ！」と急かして着替えさせた。

まずは必ず持って行かなくてはいけない薬をお薬カレンダーから撤収。そして、ついでにカレンダーを1枚持って行くことにした。

ホームは処方された薬の管理はしてくれるけど、サプリメントの管理はしてくれないから、サプリだけはお薬カレンダーを部屋に置いて、自分たちで管理するつもり。

ちなみに、前回認知症の病院から薬を処方されて、糖尿病の薬と合わせて一包化してもらったものが本当は5月13日の朝の分まではあったんだけど、わざと4月30日の分まで家に置いてあった。
19日には家を出るけどたんたんに気づかれたくないし、薬の数で次回の病院の通院日を知られるのも嫌だったから。

洋服類やタオル類などの持っていく物はすでにまとめてあったが、荷物をまとめた日にはたんたんがいたのでチェック出来なかった廊下の洋服ダンスの中もチェックして、さらに荷物に加え、持っていきたい貴金属や写真をあーちゃんに選んで貰って荷物にまとめ、普段あーちゃんが使っているバッグ以外のお高いバッグもまとめて、靴はお散歩用の運動靴、お出かけ用にキラキラのついたヒールの低い靴、ブーツにレインブーツをまとめて、雨具も一応持って……。

10時にはしんちゃんやワフワフも実家前に車で待機していてくれたので、まとめた荷物をどんどん車に積んでいき……なんと、10時台には運び出し完了！
仕上げに、あーちゃんの部屋の荷物を荒らされたり売り飛ばされたりしたら嫌なので全ての引き出しの中やクローゼットの中の写真を撮り、応接間に置いてあったあーちゃんの集めたお高い食器類なども全て写真を撮り、あーちゃんの部屋の鍵を閉めて実家を後にした。

あーちゃんは、実際に家を出るとなると感傷的になってしまうんじゃないかと思ったけど、自分の部屋の前で

「お世話になりました」

と言って軽く頭を下げただけで、あっさりとしたものだった。

ホームに着く前に、今は使わないと思われる荷物はトランクルームに置きに行ったが、それでも嵐のような引っ越しを終えてホームに着いたのはまだ11時20分だった。

早っ!

…お世話になりました
ペコリ
ボロ…
つ…着いた…!

もう元の家には帰らないのが「引っ越し」

老人ホームについて荷物を運び込んでから、荷物を解く前に先ずは腹ごなし。メンズの希望で近くの焼肉屋さんへ。あーちゃんはずっと、

「悪いわねえ、私のことでみんなに迷惑かけちゃうわねえ」

と婿たちに申し訳なさそうにしていたが、焼肉屋さんでは自分の頼んだユッケジャンクッパをしきりとみんなに振る舞おうと勧めて来たので困った(笑)。

1人ずつ、4回も5回も「美味しいわよ! ひと口食べない?」と声かけるんだもん。**あーちゃんなりに一生懸命気を遣ってみたんだろうね。**


その後はせっかく車を出して貰ったので、大物で必要な物の買い出しへ。

テレビ台になる収納とか、あーちゃんの部屋に置くテレビとか、他にいくつか足りないものを買い足して老人ホームに戻り、テレビの設置をしてもらってメンズは退場。

そして、あーちゃんの部屋で、家から持って来たものに名前を書きながら荷物の片付けをした。

老人ホームでは、おばあちゃんたちが小さなポシェットをして共有スペースを歩いているのを見かけたので、あーちゃんの家から小さなポシェットを持って来た。

「部屋から出る時はこれに鍵とお財布を入れて持っていてね！」

とあーちゃんに渡して言うと、あーちゃんは「わかったわ！」と言って……ポシェットを、持って来た自分のバッグにしまった。

「え……なんでしまっちゃうの？」

と言うと、

「だってしまっておかないと、帰る時に忘れちゃうわ！」

と、答えるではないか！

いや、もう家には帰りませんから!!

「あーちゃんは今日からここに住むんでしょ？　たんたんから逃げて引っ越ししたで

しょ？」と、焦りながら言うと、

「私、今日からここに住むの⁉」

と、あーちゃんはビックリ。

そしてその後は何度も不安そうに「今日からここに住むの……？」と聞いて来た。

えええ……どうしてこの状況で今日は家に帰ると思っちゃったのかなぁ……。

どれだけ色々な理解ができていないかがよくわかるよね。

そうこうしているうちに夕食の時間になり、職員さんが呼びに来てくれた。

食事の介助が必要な人と必要ない人で集まる食堂が違っていて、あーちゃんは介助必要なしの食堂。職員さんに連れられて食堂に入っていくあーちゃんを見ていたら、おばあちゃんばかりの4人席についていた。

みなさんから話しかけてもらっているようだったので少し安心した。

夕食後、最後の仕上げとして、あーちゃんの電話からたんたんへ

「今日から管理のためにしばらく入院します！　心配しないでね！」

とメールをした。本人が自分の意思で家を出たという証明になるように。

あーちゃんは今日からここで暮らすんでしょ？
たんたんから逃げて引越ししたでしょ？
私、ここに住むの？
今日からなの？
1人で？

まあ、メールしたのはワフウフだけどあーちゃんの了承のもと、あーちゃんの目の前でメールしたしさ。

そのまま古い携帯を回収して、あーちゃんに新しい携帯を渡した。

これでたんたんはもうあーちゃんに直接連絡を取ることは出来ない。

面会時間はとうに過ぎていたのでそろそろ帰ると告げると、

「私ひとりになっちゃうのね……今日はきっと眠れないわ……」

とブツブツ言っていたけれども、それでもうるうるした目のまま一生懸命に笑顔を作ってバイバイしてくれた。

大丈夫かしら……。

後ろ髪を引かれる思いでホームを後にした。

心配をしていたが、その日あーちゃんから電話もメールも来ることはなかった。

今日は遅くまで
付き合わせて
悪かったわね！
ありがとうね！

あーちゃんに逃げられたたんたんの反応

たんたんの目を盗んで決行した、

あーちゃんの老人ホームへの引っ越しは成功した。

そして、あーちゃんが老人ホームに入居した日の夜にあーちゃんの携帯から「しばらく入院する」と、たんたんにメールを送ってから、携帯はワフウフが預かった。しばらく反応がなかったが、流石に20時過ぎてもあーちゃんが家に帰ってこないので携帯を確認したのか、21時近くなってからあーちゃんの携帯にたんたんから着信があった。そして、立て続けにメールも。

「心配する。どうしたの？」

無視していると、さらにもう一度メール。

「どこの病院に入院しているの？」


なーにゃんにもメールが来た。

「管理のためにあーちゃんが入院との連絡があったけど、どういうこと？」

「どこの病院に入院しているの？　心配している」

着信もあった。**もちろんこれらも無視。**


すると、少ししてからもう一度あーちゃんにメールが入った。

「心配している」

これで引越し当日のメールも着信も終了。たんたん、就寝されたんですかね。


そして翌日、あーちゃんの携帯へは連絡なし。

しかしなーにゃんへ朝からメールあり。

お！来た来た！
どこの病院にいるんだ⁉
ピコン
どうしたんだ⁉
ピコン
××市…A病院…あーちゃんはここか？

「××市の病院のメモがあった。そこへ行ってみる」


この××市は、たんたんの家から恐らく3時間はかかる程遠い。

なぜ××市の病院のメモがあったかというと、あーちゃんの弟が少し前にそこに入院したという連絡をあーちゃんの兄がしてきたからだ。

ちなみに、そのメモはあーちゃんの部屋の中の、鏡台の上に置いてあったはず。あーちゃんは認知症になる前からたんたんに用心して部屋に鍵をつけていた。

そして、家を出る時に、あーちゃんはワフウフたちの目の前で部屋の鍵を閉めて来た。……あーちゃんの財布のお金があまりにも失くなると思っていたけど、

やっぱりたんたんはあーちゃんの部屋の合鍵を持っていたんだな!

妻の部屋に合鍵で忍び込み、財布から札を抜く82歳の爺さん。怖すぎるわ!!

そして、夜中にまたなーにゃんにメールが来た。

「そこ（××市）にはあーちゃんはいなかった」

「こういう重大なことを僕に事前相談もなしに勝手にされては非常に困る（怒）」

困る（おこ）って言われても（笑）。

たんたんはあーちゃん本人がいないとあーちゃんの通帳の再発行が出来ないから、さぞやお困りになるでしょうね〜。

もし本当にあーちゃんが**「管理入院」**を医師から勧められてしたのだとしても、お金を出してくれるわけでもないたんたんに相談する必要なんて全くないしな！

あーちゃんのことは何でも自分の思い通りに出来ると思うなよ!!

さらにその翌日に、こんなメールを送りつけて来た。

「生活環境の急変はこの病気に一番良くない。早く元の状態に戻すべし」

いやいや、環境の変化よりたんたんから受けるストレスの方が良くないと認知症の先生から言われましたけど?

結局、たんたんが電話やメールをして来たのは引っ越し当日も含めた3日間だけで、それ以降はメールも電話もなくなった。

もっと鬼電されるかと思っていたけど、案外あっさりしたものだ。

だけどまあもちろん、これで済むわけないよね。

「非常に困る
（おこ）」って…！
プッ

あーちゃんを探して たんたんが訪れたのは……

2019年4月22日。

ワフウフは認知症の病院へ処方箋を取りに行くつもりだった。

いつもは3週間おきの通院だが、今回はGWを挟んで4週間後に予約を入れた。だけど、薬の処方が3週間分しかなかったので、あと1週間分の処方をお願いして22日に取りに行くことになっていた。

朝一番で行こうとしていたのだが何だかんだ遅くなってしまい、急がなくてはと思いながら支度をしているとスマホになーにゃんから着信。出ると、慌てた声で、

「ワフウフ、今どこ⁉」

「え？　遅くなっちゃってまだ家だけど……？」

するると、

「なら良かった！　今、認知症の病院からたんたんが来たって電話があったの！　ワ

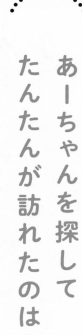

フウフが鉢合わせたらどうしようかと思った！」

たんたんが認知症の病院へ現れた‼

金曜日あーちゃんの引越しを決行してたんたんには「管理入院することになった」とだけ連絡を入れた。

たんたんは土曜日にあーちゃんがいると勝手に勘違いしてあーちゃんの弟の入院している××市の病院へ探しに行った。日曜日は何をしていたか知らないけど、月曜日に認知症の病院へ現れたたんたん。

「管理入院」と伝えたのでまずは糖尿病の病院へ行くかと思ったのに、

意外にも認知症の病院に最初に来た。

前回の診察について来た時の先生の塩対応ぶりから、病院側が何か知っているのではと踏んだのだろうか？　認知症の病院は

「お父様がいらしていますけど、どう対応しましょうか？」

とわざわざ電話をしてくれたので、なーにゃんは

「父は母の居場所を探しているので、知らないって言ってください!!」

とお願いした。

病院からたんたんが来ていると連絡があったのは病院が開いた直後の9時過ぎ。ワフウフは11時まで待って病院へ電話をして、たんたんがもう帰ったかを確認してから病院へ行った。

病院へ行くと、

「先生がお話ししたいと言っているのでお待ちいただけますか？」

と言われた。**病院はとても混んでいたけど、先生は予約もしていないワフウフと話す時間を無理矢理作ってくださった。**診察室に呼ばれると、先生はニンマリしながら、

「お父さんにはご希望通りにお答えしておきましたよ」

とおっしゃった。やはりたんたんは、

「妻が入院するとだけ言って行方不明になりました！　入院先を教えてください！」

あーちゃんは今日診察に来ていますか？

入院⁉ 僕は知りませんよ
だけど
入院しているなら安心じゃないですか！

と先生に言ったらしい。

先生は**「入院!?　僕は知りませんよ」**と答えてから、**「だけど入院しているなら安心じゃないですか！」**と突き放したらしい（笑）。

たんたんは、

「そうでしょうかねえ……」

と、納得がいかない様子ではありながら、反論しなかったようだ。

たんたんって負けん気が強くて言い負かされる事はない人なのに、認知症の病院の先生の前では何も言えなくなるんだよなあ。何でかしら。苦手なタイプ？

先生には何も言えなかったたんたんは受付で次の診察日を確認しようとした。

「薬が30日までしかなかったから、30日に診察に来ると思うんですよ」

「30日はうち、お休みなんですよ～」

本当は5月13日に予約が入っていることを知っている受付の人はそれについては素知らぬ顔をしてくれた。

たんたんはたぶん、病院へあーちゃんが来ることを確認したいものの、何度も押し

かけるのは気が引けたのだろう、
「僕もパーキンソン病をここで診ていただきたいんですがね」と、
自分の診察の予約を取ろうとした。
（ちなみにたんたんのパーキンソン病はあくまでも自己診断だよ……）
確かに先生は神経内科医だけど、ここは認知症専門病院よ。畑違いだわよ！
あーちゃんが病院へ来るのを
確認したいのが見え見え。
受付の人が困って先生の意向を聞きに行くと先生は、
「適当に断っておいて！」

とおっしゃったようで、受付の人はにこやかに
「現在予約が立て込んでまして……お約束ができそうにないんですよ」
と、うやむやにして予約をさせなかったらしい。ただ、たんたんも
「それではまた日程を確認させていただきます」
と、まだ諦めなそうな雰囲気だったらしいが……。
ちなみに受付の方は、たんたんがあーちゃんがいなくなったことを心配しているかと思えば**「入院なんて金がかかるのに……！」**と言ったことに憤慨してらした。

話は戻り、診察室で先生に「今どういう状況なの？」と聞かれたので、

「先週の金曜日、父の留守中に引っ越しました。入院するとだけメールしたきり連絡をとっていません」

と答えると、先生は大きく頷いて、

「大正解ですね！　それがベストです！　あのふたりは共鳴しあっても良い事はないから離さないと！」

と言ってくれた。そして、

「お父さんも診察を受けたいと言ってるみたいだけど」

と言うので、

「父は母がこちらに来るのを確かめたいだけだと思います」

と言うと、

「断りますよ！　患者さんがいっぱいで新規の方はお断りしていますって言います！」

と力強い言葉を下さった。

そして、

「お父さんとお母さんが鉢合わせするのを避けたいなら、しばらくお母さんは連れてこなくても大丈夫ですよ。様子を教えてくれれば薬を調節しますから」

とまで言って下さった。本当にありがたい……。

思いがけないタイミングで認知症の病院へ現れたたんたんだが、病院側の細やかな対応で助けられた。ここまでしてくださる先生も病院も、他にはないよね。

入院なんて
金がかかるのに…！
っておっしゃったんです！
お恥ずかしい…本当にお金のことしか考えてない人なんです…
そっちの心配かと思って呆れちゃいましたよ！

COLUMN
3

［自分で選んだこと］

あーちゃんは親の言うことをよくきいて育った良い子ちゃんだった。

そんなあーちゃんを祖母は「あーちゃんは私の理想通りに育った」と言っていたそうだ。

祖母はそんな理想の娘・あーちゃんの結婚相手にたんたんを選んだ。たんたんは旧帝大卒、超一流企業勤めの、釣書だけでいえば申し分のない結婚相手だったのだ。

あーちゃんは気が進まなかったが祖母に強引に押し切られたらしい。

しかし、蓋を開けてみれば、たんたんはお金に汚く浮気三昧の、家庭人として最低の男だった。

あーちゃんは何度も「離婚したい」と祖母に訴えたらしいが、「幼にしては父兄に従い、嫁しては夫に従い、夫死しては（老いては）子に従う」という古い価値観を持つ祖母は娘の離婚を決して認めなかった。


自分の決めた結婚によって自慢の娘であるあーちゃんが不幸になっているのを見て、祖母は何を思っていたのだろう。

娘達の強引な手段によって、77にしてやっとあーちゃんはたんたんから離れたが、もっと早くにたんたんから離れていたらあーちゃんの人生は全然違うものになっていただろうに。

ただ、祖母が「結婚しろと言ったから」「離婚してはいけませんと言ったから」、「片親になってあなた達が結婚する時に肩身の狭い思いをさせたくないから」と、言い訳ばかりして離婚を決断しなかったのは、決して認めないけれどあーちゃんが多少なりともたんたんから離れたくないという意思を持っていたからだと思う。

人のせいにばかりしていたけど、「離婚をしない」という選択をして来たのはあーちゃんだよ。

第4章

施設に入って見えてきたこと

引っ越しによって変わったあーちゃんの顔つき

一般的に、認知症患者は変化に弱いとされる。

本人が安心する慣れた環境で暮らすのが一番良いと言われる。

だから、ワフウフも認知症の先生からあーちゃんを施設に入れることを勧められた時、住み慣れた環境から離すことであーちゃんが混乱することを何よりも恐れた。


では実際に、老人ホームに入ってあーちゃんはどうなったか。

引っ越し翌日にあーちゃんを訪れると、あーちゃんは前日の不安そうな様子が嘘のように楽しそうにお友達とおしゃべりをしていた。

家にいる時のようにウィッグをつけていないくらい寛いでいた。

恐れていたような大混乱は全くなかった。

良かった、楽しそう…
キャッ

老人ホームに入って一番良かったと思うのはあーちゃんの顔が穏やかになったこと。たんたんと一緒に居る時のような、強張った顔を全くしなくなった。

そしてあーちゃん本人も

「たんたんに押さえつけられているような感じがなくなってホッとしたわ！」

と言っている。たんたんに自分のことを必死で探して欲しいという気持ちはあーちゃんの心の片隅にはあるのだろうが、

「やっとたんたんから離れられたわ……」

と言ったこともある。ただ同時に、怯えからか期待からかは分からないけれども、

「たんたんはここに来ないわよね？　ここはわからないわよね？」

と不安そうによく聞いてきていた。

たんたんから受けるストレスがどれくらいあーちゃんの認知症の進行に影響していたのかは実際のところわからないが、ストレスが脳のシナプスを破壊するのだと言われることを考えると、強張った険しい顔を見せなくなっただけでも、これからだいぶ違いが出るのではないかな？

もちろん、劇的に回復するとは思っていないけれど、現状を少しでも長く維持して穏やかに過ごしてくれたらいいなあ。

「私は一生あそこから出られないの？」

時々あーちゃんが言う事があって、それを聞くと胸が痛むが、

「あーちゃん家に戻りたいの？　家に戻るって事はまたたんたんと暮らすってことよ？」

と言うと、

「嫌よ！　やっと離れられたのに‼」

と、激しい反応が返ってくる。

たんたんが居なかったとしたら、自分で何でもちゃんと出来ていると思っているあーちゃんは老人ホームで暮らすことに納得しないだろう。

なーにゃんやワフウフだって、あーちゃんを老人ホーム入れる決断がつかなかったと思う。

そう思うと、実はワフウフたち、たんたんの存在に案外助けられている……とは、

まあ思わないけどさ！（笑）

そして……ホームに入って何日かした時、あーちゃんはワフウフに
「ここに居ると何もしないからボケちゃいそうね！」
と言った。

いや……それ、順番が逆！

あーちゃんは認知症だからここにいるのよ‼
きっとそれだけ平和だって言いたかったのよね？
まあ、ボケはボケでも平和ボケくらいならいいんだけどなあ。

ここにいると
何もしないから
ボケちゃい
そうね！
アハハ
ハハ…
…そ、
そうだね…

残るのは足の疲ればかりなり……

あーちゃんが老人ホームに入居してから、ほぼほぼ毎日なーにゃんとワフウフは面会に通っている。

あーちゃんが不安だろうし、落ち着くまではなるべく毎日行ってあげたいと思ってのことではあったが、やはりこれをずっとは続けるのはキツい。

もう、自分の家の中はめちゃくちゃになっちゃっているしね（笑）。

そろそろ通う回数を減らしていこうと思っていたのだけど、少々問題が。それは、

あーちゃんがどうしても外に出たがる事。

確かにホームへの入居を説得していた時も、あーちゃんの中でネックになっていたのは「自由に外に出られないこと」だった。

「ここは本当は自由に外に出られるんだよ。だけどもしも1人で外に出てたんたんと鉢合わせしたら怖いでしょ？　だから、出かけるのは私たちと一緒の時だけにしてね」と、説明していたが、会いに行くたびにあーちゃんは初めて知ったように、「ここはひとりじゃ外に出してくれないのね！」と言う。

助かっているのは、あーちゃんは自分だけではなく入居者全員がひとりでは外に出られないものなのだと思い込んでいること。

本当は、家族に止められていない人は届けさえ出せば出入り自由なんだけどね。

ホームのケアマネさん曰く、あーちゃんは毎日決まった時間（恐らく夕食後）になると自分の部屋から3階の事務室に来て、

「それでは20～30分散歩してきます」

と当たり前の事のように申し出るらしい。

ケアマネさんは詳しくは仰らなかったが、恐らくあーちゃんは穏やかにしつこいと思う。きっと、ケアマネさんも手を焼いているのだろう。

「毎日お散歩に来ていただいて助かります」

と頭を下げられてしまい、行く回数を減らしづらくなってしまった。


しかも、なーにゃんやワフウフにも良い運動になっていいといえばいいのだけど、案外これがキツい。

だって、あーちゃんと一緒に歩く以外にも、こっちは家事に犬の散歩にあーちゃんのホームへの往復にと動き回っているでしょ。結構体力使うんだよね。

さらになーにゃんは股関節が悪いのもあって、なかなかあーちゃんを歩かせるのに付き合うのも大変なのだ。


そんなわけでなーにゃんとワフウフは若干のしんどさを感じつつ、あーちゃんを毎日沢山歩かせているわけなんだけど、あーちゃんはひとりで外に出られないことへの不満アピールなのか、

「ここにいると運動不足になっちゃうわ！　なんだかもう前とは足の感覚が違ってきているのよ」

毎日お散歩に来ていただいて助かります
お手数をおかけしているようですみません…

…
それではしばらく外を散歩してきます

と、言い出した。どう感覚が違うのか聞くと、

「なんだか力が入りにくい感じなのよ！　だって今までみたいに毎日散歩が出来ていないんだもの！」

ナニイッテルノカナコノヒト？

「あーちゃん。私たちが毎日来てお散歩しているよね？　前よりずっと歩いていると思うよ！　昨日はなーにゃんと○○へ行って、今日は私と××まで歩いたでしょ？」

と言ったが……。

覚えていないっぽい。

記憶が残らないから仕方ないんだけどさ、こっちはクタクタになるまで歩いているのに、運動不足で前とは足の感覚が変わってきているとまで言われるとガッカリするよね……。

昨日はなーにゃんと○○まで歩いて行って
今日は私と××まで歩いたでしょ？
絶対にわかっていない
そうねそうね！
なんだかもう前とは
足の感覚が違ってきているのよ

期待からなのか不安からなのか……止まらぬ妄想

ある日ワフウフがホームへ行くと、開口一番にあーちゃんが
「ご主人様がいらっしゃいましたって言われたのよ！　たんたん、ここを探し出したのね！」と言い出した。

ホームにはなーにゃんとワフウフ以外に面会がない事を伝えてあるし、もしも他の人が面会に来たら必ず連絡を入れてもらうようにお願いしてあるが、もちろんそんな連絡は来ていない。

また別の日には、

「お兄ちゃんのところにたんたんから電話があったみたいよ！　離婚の手続きを進めているって言っていたらしいわよ！」

と言う。伯父さんはあーちゃんの新しい電話番号を知りませんけど……？

また、ある日は**「たんたんが離婚すると言ってきた」**というメモをあーちゃんが持っていた。

「え？　これは何？」

と聞くと、

「たんたんから電話がかかってきて離婚するって言われたのよ」

と言う。

「たんたんはここの場所もあーちゃんの新しい電話番号も知らないから、連絡取れないよ？」

と言うと、

「じゃあ、あれで言われたのかしら？」

と、あーちゃんが指し示したのはなんと、居室に付けられている

ホームの館内放送のスピーカー。

（食事の時間ですとか、お風呂の準備が出来ましたとか、放送が入る）

たんたんはここの場所も
あーちゃんの電話番号も
知らないよ？
あーちゃんに
連絡は取れない
んだよ！
おかしいわねえ
じゃあ
あれで
言われたの
かしら…？

いや、それはないだろう……。

あーちゃんは見えないはずのものが見えたり聞こえたりすることはないんだけど、実際にはないはずの出来事が頭の中に出来上がってしまっている事がよくある。

これって妄想なの？
それとも作話？？？

せっかく行方をくらましてたんたんから逃れられたのに、いまだに自分の頭の中のたんたんに振り回されるあーちゃん。
それは、強い恐れからなのか、それとも強い願望からなのか分からないけど……。

そして、「向こうが離婚する気なら離婚してやるわよ！」と、強い口調で言う一方

で、

「でもそうすると、生活費をもらえなくなっちゃうわね……」

と不安そうに言ったりする。いやいや、２０１８年12月から、あーちゃんはたんたんから生活費を1円ももらってませんから！

認知症の人って、不安が強い時はやっぱりお金の心配をする傾向にあるよねえ。

経済的な面でいえば、あーちゃんは自分のお金だけで生活出来ている自立した女性なのよ！（管理しているのはなーにゃんだけど……）

ちなみに、老人ホームを訪ねてきたたんたんが**「僕が悪かった！　戻って来てくれ！」**という手紙を置いていったというバージョンの妄想もある。それって

あーちゃんがたんたんに言って欲しい言葉だよね!?

あーちゃんが一番恐れるのは、たんたんが自分への関心を失うことなのかもしれない。だけど、たんたんはあーちゃんが家を出てから一度たりとも「戻って来てほしい」と言ったことはない。たんたんにとって、あーちゃんの価値は

お金を巻き上げる事が出来てこそ。

娘たちにがっちりガードされてあーちゃんからお金を引き出せないとなれば、戻ってきて欲しいと懇願するほどの価値はないのだろう。
むしろ、認知症になった妻の世話もしなくて済み、生活費も払わずに済んでラッキーくらいに思っているかもしれないね。

いつまでもたんたんへの期待を捨てられないあーちゃんが哀しい。

ご主人様が
いらっしゃいましたって
言われたのよ！
たんたん、
ここを探し出した
のね！

は？　手紙？
何て書いてあったの？
僕が
悪かった！
戻って来て
ほしい！
…って
書いて
あった
みたいよ

たんたんのメールに見たDV男の片鱗

たんたんからはあーちゃんが夜逃げならぬ昼逃げをした日から3日間ほど、なーにゃんへメールが来ていたが、その後パタリと来なくなっていた。だが、半月ぶりに来たたんたんからのメールは……

＊2019年5月10日

「5月は網戸の張り替え工事2万円弱を予定。レシートコピーは別途後送する」

＊2019年5月12日

「4月生活費請求：合計：60701円。内訳：新聞代2050円、ガス代3995円、電気代2506円、続　町内自治会費2400円、固定資産税49750円」

「あーちゃんの具合はどうですか」等々、妻を心配する言葉のひと言もなく、

ただただお金の請求のみ。

もちろんわかってはいたけど、あーちゃんが入院して（……とたんたんは思っているわけだけど）家にいなくても光熱費等はキッチリ半分請求してくるのね。

呆れた……。

5月13日は病院へは行かずに、あーちゃんの古い方の携帯を解約しに行った。これでたんたんは完全にあーちゃんへ直接連絡を取る手段がなくなる。

携帯ショップのカウンターで、いざ解約をしようとあーちゃんの古い携帯を取り出した瞬間、あーちゃんの古い携帯がチャラリーンと鳴った。

見てみると、なんとこのタイミングでたんたんからメールが来ていた！

「薔薇も百合も　皆枯れにけり　君いずこ」

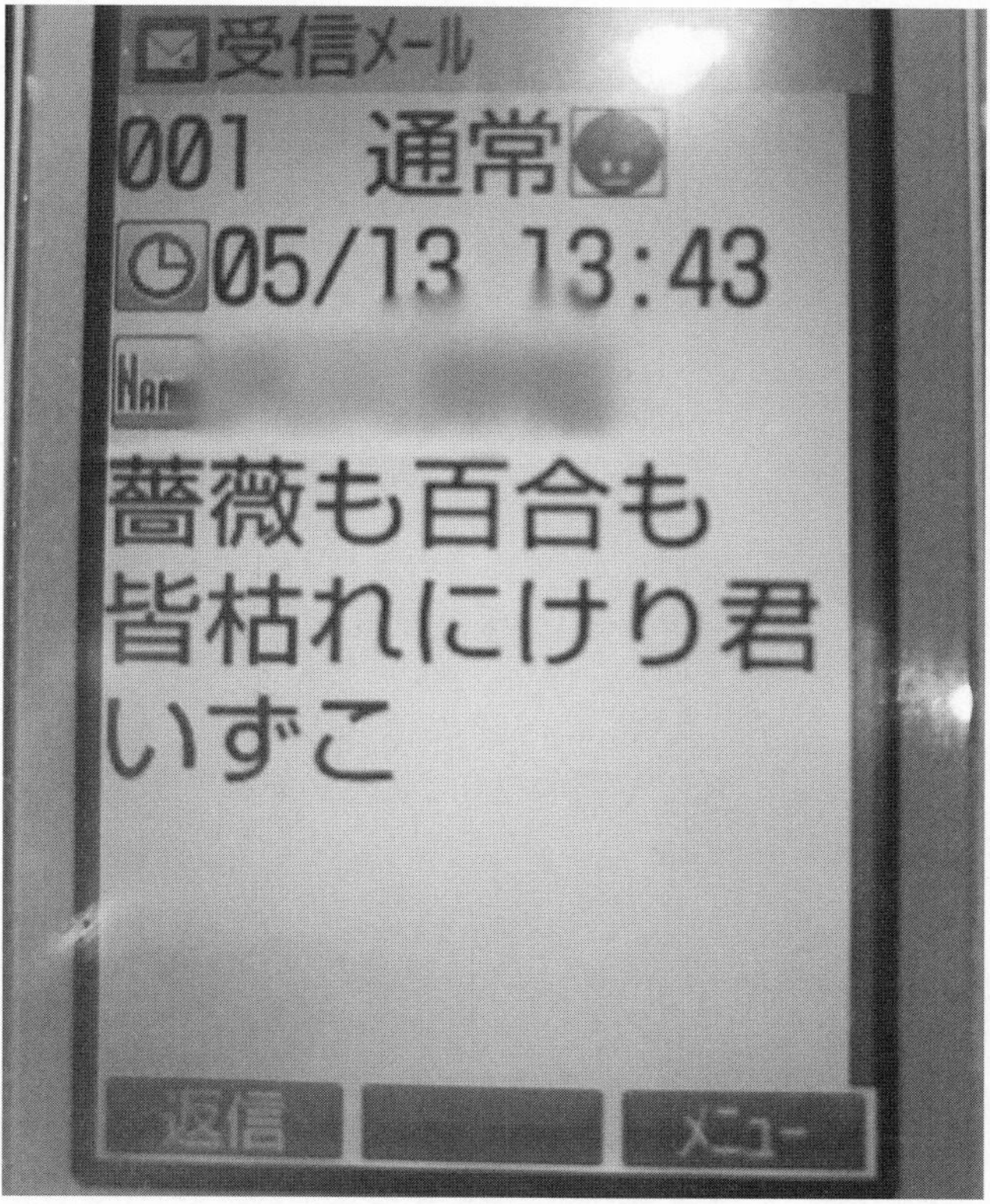
受信メール
001 通常
05/13 13:43
薔薇も百合も
皆枯れにけり君
いずこ
返信
メニュー

なんか川柳的なものが来た……！

「薔薇も百合も」というのはね、たまたま老人ホームへ雲隠れする数日前があーちゃんとたんたんの結婚記念日だったのだけど、その日にたんたんは花束を買ってきたわけよ。それが玄関に飾ってあったけど、枯れたんでしょ。それのことね。たんたんはそういう形だけのキザな事をするのは大好きなわけよ。花束はいらねーから生活費をよこせよ！　って感じでしょ？

たんたんから来た川柳的なものをギャーギャー言いながら見ているワフウフたちを見て、携帯ショップの店員さんが、

「解約されますともうメールの受信は出来ませんけど、よろしいですか？」

と声をかけてきたけど、

「ええもちろん結構です！」

迷いなく答えたよね（笑）。

それにしても、なーにゃんへのメールにはひと言もあーちゃんを心配する言葉はなかったのに、あーちゃんへのメールには情緒的な川柳を送ってくるあたり……、

DV野郎によくある飴《あめ》と鞭《むち》の使い分けを感じたよ。

あーちゃんはこれまでこんな言葉くらいでたんたんの手の上を転がされてきたんだろうか。

あーちゃんチョロ過ぎるでしょ……。

こんな素敵なことが
出来ちゃう僕♡

花束なんかいらねーよ!
生活費よこせよ!

老人ホームに馴染んだあーちゃんが失くしたもの

老人ホームに入った当初、あーちゃんには「自分はここで暮らす老人達とは違う」という、変なプライドというか……気概のようなものがあった。

言い方は悪いけれど、**1人で暮らすことの出来なくなった年老いた人達と、たんたんから逃れるために家を出て来た自分とでは、老人ホームに暮らす前提が違うのだ**と強く思っていたようだ。

ほら、何しろあーちゃんは自分が認知症だという自覚もなく、何でもひとりできちんと出来ていると思っているし、強い若見えへの執着もあったからさ。

実際、入居した当初は、ウィッグをつけて派手な洋服を着た、年齢層の中では若めのあーちゃんは周りの老人達の中では異色で、ちょっと浮いていた。

だけど、ありがたいことにすぐに仲良しのお友達がたくさん出来た。

あんなにこだわっていたはずのウィッグをあっさり外し、そして忘れた。

そう思うと、あーちゃんがあんなにウィッグにこだわっていたのはたんたんの前で若く見えるようにしていたかったからなのかもしれないな。

女心だったのね……。

やがてコロナウィルスが流行り……娘達に会えない分、お友達と過ごす時間が増えた。

そうしたら……

あーちゃんは老人ホームにあっという間に馴染《なじ》んだ。

良くも悪くも。

「私はみんなとは違う！」という、気概のようなものがすっかり消えたせいか、顔つきも緩み、すっかり普通のおばあちゃんになった。

もしかしたらたんたんは今、あーちゃんとすれ違ってもあーちゃんと気がつかないかもしれない。**ワフウフが一緒だったらバレる。デッカいから。**

あの、「私はみんなとは違う！」という気概が、あーちゃんの中での認知症への大きな抵抗力となっていた気がする。

だけど……身だしなみに気を配り、まだしっかりしていた頃よりも、オシャレをしなくなり、歳なりのおばあちゃんに見えるようになったあーちゃんの方が、

幸せそうなのだ。

まあ、本人は自分が歳なりの見た目になっているという自覚は全くないんだけどね。

認知症はどのみち進むものと考えて、老人ホームに馴染んだあーちゃんの幸せを喜んであげたい気持ちもあるが、それでも、認知症の進行に出来るだけ抗って欲しいという気持ちもあり、なんとも複雑だ。

複雑だろうがなんだろうが、目の前のあーちゃんを受け入れるしかないんだけどさ。

こんなのはどう？
えー？なんかおばちゃんみたいね！
あーちゃんはおばちゃんどころかおばあちゃんだよ…

あーちゃんのおパンツに振り回される日々

あーちゃんのいる老人ホームでは洗濯も料金に含まれている。部屋の洗濯カゴのネットに入れておけば回収して洗ってくれるのだ。

しかし、それをチェックしたところ、老人ホームに入った時にはあーちゃんはすでに自分で毎日着替えが出来ていないことがわかった。しかもあーちゃんは、

「パンティだけは自分で洗いたいわ！」

と言って聞かない。

ちなみにどうでも良いことなんだけど、**ワフウフは「パンティ」って言い方がすごく気持ち悪くて嫌い。なんか変態っぽくない？　80近いおばあちゃんがはいている綿100％の下着は「パンツ」で良くない？**

「何十人分も洗ってくれているんだよ」

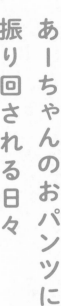

「あーちゃんのパンツのひとつやふたつ、誰も気にしないよ！」

と言い聞かせても、

「でもぉ～、パンティだけは嫌よぉ～」

とクネクネしてきかないあーちゃん。パンツは洗濯に出さないで自分で洗うと言い張るあーちゃんなんだけど、その割にはあまり洗ったパンツが干されていないし、かと思えばパンツが何枚も干してあったりする。

万国旗かよ!!

洗濯ネットには入っていなかったのに……どこに溜め込んでいたの？

自分の下着を人に洗ってもらうという事に抵抗を感じるのはわからなくもない。というか、わかるけど……スタッフさんも出入りするだろう自室にバーンとパンツを干してある方がワフウフだったら嫌だけどなあ。

あーちゃんの恥じらいの基準がよくわからないわ！　**それとも、お漏らししているのを隠しているからスタッフさんに渡したくないのかしらね。**

パンティくらいは
自分で洗いたいわ！

…
あら来て
くれたの！

そして、洗剤も使わないで洗面所で水だけでパンツを洗い、びしょびしょのまま干して生乾きにするあーちゃんに、何度も自分でパンツを洗うなと言った結果、やがてあーちゃんは廊下に置いてある洗濯乾燥機を使うようになった。

いや、そもそも自分で洗うのをやめて欲しいんだけど……。

乾燥機をかけたまま使ったことを忘れてしまい、洗濯物が混ざって他の入居者さんとトラブルになったこともあったので、それも心配だった。

しかし、心配していたのとは違う、予想外の出来事がある日起こった。

なーにゃんに電話をかけて来たあーちゃんが言ったのだ。

「パンティが1枚もないのよ!!」

まとめ洗いをして乾燥機にかけ、忘れてしまったのだろうか?

いや、そうだとしても……おパンツはお漏らしを想定して老人ホーム入居の時に10枚くらい持ち込んだんだけど。1枚もないなんてことある!?

そして、あーちゃんは**やむなくノーパンのまま股引きをはいている**という。

ノーパンでズボンを直にはくよりはマシかもしれないけどさ……。

　あーちゃんが電話をして来た前日の月曜日はお風呂の日だった。

　お風呂の時には、自分でちゃんと着替えが出来ないあーちゃんのために、老人ホームのスタッフさんが（抵抗を避けるためにあーちゃんの目を盗んで）あーちゃんの入浴中に着替えをセットしてくれている。

　だから少なくとも、お風呂を出た時にはおパンツを穿いた……はず。

「お風呂の時に着替えを用意してもらったでしょ？　パンツもあったでしょ？」

と聞くと、

「そんなの断ったわよ！」

と鼻息荒く言うあーちゃん。

「断らないでって言ってるでしょ！　毎日着替えの電話するのが大変だから私がお願いしたのに！」

「電話してくれなくても大丈夫だから！　ちゃんと自分で出来てるから！」

激しく抵抗するあーちゃん。

電話もしなくて良い、老人ホームの人にも何も言うなと言い張る。いや、でも、

ノーパンの人に「ちゃんと自分で出来てる!!」

って断言されても……ねえ。

その時は電話でパンツ探しを手伝い、なんとか2枚だけ探し出すことが出来た。

それでとりあえずは大丈夫かと思っていたら……、翌日にまたなーにゃんが電話をしてみると、なんとあーちゃんは、

「パンティがあと2枚しかないのよ！　だから私、パンティを穿いていないの！」

取っておかなくて良いから！パンツ穿いてくれ!!

笑うところじゃないんだけど、なーにゃんからこの話を聞いた時、

「残り少ないパンツをとっておこうとしてノーパンを貫くあーちゃん」

にツボってワフウフは笑ってしまった。

パンツが2枚しかないということであーちゃんを不安にさせてはいけないと、なーにゃんがすぐに尿もれパンツを数枚買い足して老人ホームへ届けに行ってくれたよ。

ありがとう、なーにゃん。

パンツ
穿いてない
人に言われても…

老人ホーム内診療に湧き上がる不満

老人ホームに入ってから、あーちゃんの認知症の病院はそれまでの病院に引き続き通い、糖尿病は老人ホームの訪問医に診察室をお願いすることにした。

2019年4月後半に入居後、5月のGW明けにホームの訪問医の診察（初診）があった。その際の血液検査のヘモグロビン値が割と良かったためか、5月の後半の診察時に薬の種類を減らされた（らしい）。

「コントロールが上手くいくようになればゆくゆくは薬を減らす方向で」という話は初診時の付き添いの際に医者からされてはいたが、**たった一度の血液検査の結果でいきなり薬を1種類バッサリ減らすとは思わなかった。**

薬を減らした結果、6月の血液検査でヘモグロビン値は超絶悪化。40年間で見たことのない数値を叩き出した。

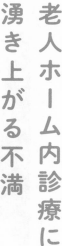

ちょっ…
何この数字

これを受けてすぐさま訪問医は薬を元に戻した（らしい）。

なぜ（らしい）と書いたのかというと、薬を減らされたことも元に戻したことも後からしか教えてもらえなかったから!!（しかも看護師さんが口を滑らせたからわかった）

なーにゃんとワフウフは数値の急激な悪化の原因を知らずにひどく気を揉んだ。

あーちゃんは以前みたいに隠れてお菓子を貪り食べているわけでもないし、毎日のように散歩にも連れ出してたくさん歩かせている。

あーちゃんはストレスが数値に影響するタイプなんだけど、老人ホームに入居してからはたんたんから受けるストレスがなくなったせいか、顔つきも以前ほど険しくなくなって穏やか～に暮らしている。だからストレスというわけではなさそうだし。

ホームでは普通食を食べているあーちゃんだが、療養食に変えた方が良いのか考えつつ、7月の血液検査の結果をジリジリ待っていた。

看護師さんに聞いたら、7月の血液検査は、

「○日にしたので△日にわかりますよ」

と言われたので△日を過ぎた頃に

「あの〜、検査結果はどうだったでしょう?」

と聞いたら、

「ああ、まだまだ! そんなに早く結果は出ませんよ!」

と言われた(△日に検査結果がわかると言った、同じ看護師さん)。

「△日は結果が出るっておっしゃってましたよね?」

食い下がるとやっと記録ノートを確認に行き、言われたのは
「あーちゃんさんは7月は検査していません!」

ハア!? なぜそんなに言う事が二転三転するの!?

さらに「そんなに頻繁に検査しませんよ! 3ヶ月に1度くらいですよ!」

と言われた。

でも、4月途中でホームに入って、5月も6月も検査しているのに!?

なぜ7月は検査していなくて検査頻度も3ヶ月に1度になってしまった？

どうなってるの!?　なんか適当過ぎるんですけど。

「何か特別なことがない限り毎月の検査はしません！」

と言われ、なーにゃんは
「この数ヶ月で数字の激しい変動があるじゃないですか！　ずっと落ち着いているなら3ヶ月に1度の検査でもいいかもしれないけれど、**こんなに変動があるのに受け入れがたいです！**」

と、強く言った。だって元々はそっちが急に薬を減らしたせいだよ～？

すると8月は検査をしてくれて、こちらから聞かなくても結果を教えに来てくれた。

（それまではこちらから何度も聞かないと教えてくれなかったし、請求明細などに血液検査結果が同封されていたこともない）

そして、その時看護師さんに
「認知症の病院で検査していただく分には構いませんよ」

と言われた。

そんなに頻繁に検査しませんよ！
3ヶ月に1度くらいです！

認知症の病院では時々血液検査をしてくれていて、あーちゃんが糖尿病だと知っている先生はヘモグロビン値もチェックしてくれる。でもたぶん、認知症の先生はヘモグロビン値を知りたくて血液検査をしているわけではないだろう。

認知症の先生の方で検査をしてもらうならいい、ってそんなのそちらが決めることなの？　それに、検査を認知症の病院に任せるなら、

老人ホーム内での診察って一体何のため⁉　なんか意味がわからない‼

ワフウフたちはとりあえず次回の診察に同席して、訪問医の先生に数値が落ち着くまでは月に1度検査をして欲しいこと、薬を減らす際には事前に教えて欲しいこと、などの要望を直接伝えることにした。

だけど、ワフウフたちの中では、老人ホーム内での診療に不信感と不満がふつふつと湧き上がっていた。

こちらがクレーマーなら
そちらはドクハラだよ

老人ホーム内の訪問医の先生と話すために、看護師Tさんに予約をとった。

前日に確認もした。

そして当日、言われた通りに11時に老人ホームへ行くと、主任看護師さんが出て来たので、

「お世話になってます～。先生とお話しさせていただきに来ました！」

とご挨拶。すると、

「先生とお話し!? 今日は無理ですね、バタバタしてるから！ 事前にご予約いただかないと！」

「予約ならしましたよ！ 11時と言われて来たんですけど！」

と言うと、主任看護師さんがスタッフルームにいたTさんに確認に行ってやり取りをして（ちょっと揉めたっぽかった）戻って来たが、

「今日は時間が押しているのでお待たせすると思いますけど！」

と言われた。

遠慮して欲しそうな言い方だった。

色んな状況があるだろうから待たされるのは仕方ない。でも、時間の約束をしたうえで訪ねているのだから、その言い方は違わない……？　なーにゃんがムッとして

「妹は仕事を休んで来ているんです！　待つのは構いませんけど今日お話ししたいです！」

と言うと、

「じゃあ、お呼びするまで（あーちゃんの）お部屋でお待ちください」

と言われたのでワフウフたちはあーちゃんの部屋で待つことにした。

そしてそのままたっぷり1時間半ほど待たされた。

館内スピーカーで「どうぞおいでください」と言われたので診察をしているスタッフルームのドアを開けて、

「失礼します」

と入ろうとしたら、

「外でお待ちください！」

と先生にキツ目に言われた。

おいでくださいと言われたから行ったのにとムカッとした。

先生のその言い方とスタッフルームの雰囲気からなーにゃんとワフウフはあまりウエルカムな感じではないのは伝わって来た。


さらにまた10分ほど待たされてやっと先生とご対面。

「お時間頂いてありがとうございます。宜しくお願いいたします」

とこちらが頭を下げても先生はニコリともしない。

「月に1度血液検査を受けたいそうですけど何を知りたいんですか？」

「ヘモグロビン値を知りたいです」

と答えると、小馬鹿にしたように、

「ヘモグロビン値ねえ……ヘモグロビンa1cって何の値かわかってます？」

…なんだコイツ。あからさまに感じ悪いぞ。

「血糖値は食前食後で変動がありますけど、ヘモグロビンａ１ｃ値はそういう影響のない過去1～2ヶ月の平均値ですよね？」

とワフウフが答えると、

「そうです。でも、過去1～2ヶ月じゃくて3ヶ月です。だから毎月検査しても無意味です。3ヶ月に1度の検査で十分です」

でもさ、先生と話す前にワフウフが国立循環器病センターのＷｅｂサイトを見た時には、「1～2ヶ月」って書いてあったんだけど?

それに、あーちゃんが通っていた糖尿病の専門内科では月に一度の血液検査をしていた。そして、月に1度の検査でも数値は結構変動があるのだ。なので、

「でも、糖尿病の専門病院では毎月検査していました」

と言うと、

「Sクリニックさんね！　**あそこの病院で月に1度検査をしていたなら何かしらの意味があるんでしょうけど、それは一般的なことではありませんから！**」

あーちゃんが通っていた病院は、糖尿病の病院としては県内有数の病院だ。そこのやり方を否定は出来ないのだろう。

「でも、S病院の前に通っていたN病院でも毎月検査していましたけど……」

と言うと、

「N病院にも通っていたんですか！」

と驚く先生。N病院も大病院だ。こちらもやり方を否定出来ないのだろう。

「それだけ糖尿病に強い病院で月に1度検査していたというなら、僕にはわからない専門的な何かを診ていたのかもしれませんね！　でも、僕にそれを求められても僕には出来ませんから！」

オイオイ、先生開き直っちゃったよ。

「専門的な治療を望むならどうぞ専門医にかかってください。僕は喜んで紹介状を書きますよ！」

ホーム内でのあーちゃんの糖尿病治療は、出来ることなら落とし所を見つけてホーム内で引き続き治療をお願いしたかった。その方が丸く収まるから。だけど、看護師さんからなーにゃんとワフウフの話がどう伝えられたのかが想像がつくくらい、訪問医の先生はお会いした最初から好戦的な態度だった。

そりゃあこちらだって医学的な知識もないのに余計な口出しをして感じが悪かったかもしれないけど、患者の家族としては数値の急激な悪化を心配するのは当然なことだと思うし、**少なくとも先生の独断で薬をいきなり減らした挙句の数値悪化の後くらいは、数値が完全に落ち着くまでこちらの要望通りに血液検査をしてくれてもバチが当たらないのではないか。**

しかし、先生は頑なに

「次の血液検査は12月にしようと思います」

ヘモグロビン値
ねえ…
ヘモグロビンａ１ｃ
って、何の値か
わかってます？

と言う。3ヶ月に1度どころか4ヶ月後じゃん……。

「認知症の場合、血糖値は高めで良いんです！」とか、「糖尿病は糖分は控えた方がいいけど揚げ物は問題ありません！」とか、「何の治療をしているのかもわからない認知症の方に痛い思いをさせるのはかわいそう」とか、先生の言うことひとつひとつに対していちいち納得がいかなかった。

なので、老人ホーム近くの糖尿病専門医のいる病院を調べてそこに通うことにすると伝えると、その日のうちに紹介状を送付したと言われたよ。

向こうとしては面倒臭い患者（家族）を厄介払いした感じ？

あーあー……クレーマー認定されちゃったかなー？

結局のところ、あーちゃんに対して望む治療がホーム内では受けられないので、それならば外の病院で診察を受けますと言っただけのことなんだけど。この話し合いの後、一部のホームのスタッフさんのなーにゃんとワフウフへの態度が微妙に変わった。

その後、外部に通院して一切老人ホーム内で診療を受けていないので、一度あーちゃんが突然嘔吐した時には仕事を早退して病院に連れて行かなくてはならなくなり大変だったこともあった。

だけど、恐らくただ一度嘔吐しただけだと、訪問医の先生なら吐き気止めの処方をするくらいで終わっていたと思うが、外部の病院でその時にした血液検査では膵炎が分かったりと、結果良かったこともあった。

だから、今のところあの感じの悪い医者の老人ホーム内診療をお断りして良かったと思っているよ。

あくまでも
あーちゃんの場合は、だけどね！

高齢者あるあるのクーラーをつけない問題

高齢者がクーラーをつけないという話をよく聞くが、あーちゃんもそうだ。

夏は面会に行くたびにもわぁっとした暑い部屋にいる。しかも大抵窓は開けてあるけど遮光カーテンを閉めて、布団を掛けて昼寝をしている。

夏はいくら窓を開けていても熱い外気しか入ってこない。だから行くたびに
「暑いからクーラーをつけて！」

と言うのだけど、

「ワフウフちゃんは歩いて来たから暑いのね！　私はちっとも暑くないわよ、涼しいわよ、我慢しているわけじゃないのよ！」

と、ごちゃごちゃ言ってなかなかクーラーをつけないあーちゃん。

建物の中、共有のスペースはたしかに空調が効いているけれど各居室は別だ。

急いでクーラーを強めにつけて部屋を冷やしても、**やっと涼しくなって温度計を見**

たらそれでも室温は31度。

クーラーをつける前はいったいどれほどの室温だったのか……。

そしてその中で布団を被って寝ていたとか……ありえないでしょ！

熱中症になっちゃう！

そして、ただクーラーをつけないから困るだけではない。**リモコンをなぜだか「盗られる」と思い込んで隠し、見つけられなくなってしまうのだ。**クーラーをつけさせようとしても、まずリモコン探しから始めることになる。

コロナ禍になってから老人ホームの居室内には入れなくなってしまったので、一緒に探してあげることが出来ず、また、老人ホーム側もあまりにもしょっちゅうあーちゃんがリモコンを隠すので、実質もう放置状態なのである。

さらには、そうこうしてリモコンが見つからないままにしているうちに、やっと見つけたリモコンを見たあーちゃんは、「これってどうやって使うの？」と言い出した。**使い方もわからなくなってしまった**らしい……。

心配なのは夏だけではない。

あーちゃんにはエアコンから涼しい風が出てくるイメージはあるが、暖房がつくというイメージがないらしく（自宅ではガスファンヒーターを使っていたから？）、寒いと言うから暖房をつけてと言っても、

「ここにはそういうのないのよ！」

「壁の四角いものには中身が入っていない」と言い出す始末。

暖房がない（と思い込んでいる）寒い部屋で、リモコンも見つけられず、暖かいパジャマも見つけられず震えていると思うと、あーちゃんが可哀想で涙が出そうになるよ。

暑さ寒さに鈍くなり、脱ぎ着で体温調節するという頭もなくなり、エアコンというものを忘れてしまった認知症の人の温度調節管理は本当に難しいね……。

あ〜 やっとクーラーが効いて涼しくなって来た…
31℃
えっ!? それでも室温31度!?
これって…
どうやって使うの？

やれる事はやってると言われても……

老人ホームに入った当初は頭を悩ませまくっていたあーちゃんの着替え問題。着替えが出来ていないのに着替えたと言い張るあーちゃんに手こずっていた。（恐らくちょこっとお漏らししちゃった時は）自分でパンツを洗いたがり、洗濯機を使用するも回収を忘れてしまうのか、毎日のように「パンツがない！」と大騒ぎしていた時期もあった。

……今はまったくのノータッチ。

コロナ禍で面会禁止になってからは老人ホーム側であーちゃんの着替えセットを何パターンか用意してくれて、あーちゃんの抵抗を避けるためにあーちゃんが入浴中に脱衣場の服をサッと入れ替え、汚れ物はそのまま洗濯してくれるようになったので、お任せしている。

入浴時にしか出来ないのであーちゃんが下着から何からフルで着替えるのは週に2

回だけかもしれないし、着替えパターンがそういくつもはないのであーちゃんは1年中着た切り雀になってるけど……。

最低限の清潔を保てているのならもうそれは仕方ないよね……。

ただ、入浴拒否もあるので、その週に2回の着替えすら出来ないことが増えてきている。先日もケアマネさんから、

「あーちゃんさんがお風呂の度に抵抗されるので本っ当にとってもとっても大変なんです！」

という電話がかかってきてしまった。

以前からたまに「お風呂に入ってくれません……」と、お風呂当日に助けを求める電話をいただくことはあって、そういう時にはあーちゃんに電話をかけてお風呂に入るように説得するんだけど、これがまたすごく抵抗されるのよ。

糖尿病の通院に付き添う時も、あーちゃんの髪の毛がペタリとしている時があるので分かってはいたけど、**いったいどれくらいお風呂に入っていないのかな。**

通院時にあまりにもあーちゃんが臭った時があったので新しいケアマネさんにあーちゃんの着替えや入浴拒否の状況などを聞いてみたのだけど、

「お風呂？　入っていると思いますよ？」

「頭を洗っていない？　それはあるかもしれないですねえ」

「着替えセットの準備？　ああ、そういう方が何人かいらっしゃるとは聞いています」

新しく入った方だったのでまだ一人一人をきちんと把握できていなかったのかもしれないけど、なんとも頼りない答え。

お風呂に入っているなら、あーちゃんはなんであんなに臭いのよー!?

その後、認知症の先生の勧めもあり、介護度の区分変更をかけようかという話も出たのだが、その話をするとケアマネさんに、

「本人がいない間に衣服を揃えたりやれることはやっているので、介護度を上げても今のあーちゃんさんにやれるサービスは今以上はないです」

と言われてしまった。

「やれる事はやってる」「今以上はない」とおっしゃいましたけど……。

これからまだまだ認知症は進んでいくのに、今の段階でもケアが

全然足りてないと思うんですけどー!?

あーちゃんさんが
お風呂のたびに
抵抗されるので
本っ当にとってもとっても
とっても大変
なんですっ!!

洗濯係
回収係
サッ
サッ

どうしても優しくなれない時だってある

今やすっかり可愛らしくなったあーちゃんだけど、あーちゃんはものすごい**支配型の毒親**だった。

結婚して実家を出て、やっと少し距離を置いて付き合えるようになっていたところで、認知症になってしまい、自覚がないだけに娘達に全く頼る気がなくて、手を出そうとするといちいち抵抗して、本当に大変だった。

「助けて欲しい」と思っていない人を「助けざるを得ない」という状況が、

とても辛かった。

あんなに辛い子供時代を過ごした原因となった人なのに、親だからって助けなくち

どうして
こんな事も
出来ないの!!
バーンッ

やいけない。

病院の付き添いを始めてから、

「この人が認知症でなければ……」
「この人が年老いてなければ……」

と、何度思ったことか。

あーちゃんに何度も何度も繰り返し説明しても上手く伝わらなかったり、言うことをきいてくれなかったりするとやっぱりどうしてもイライラしてしまう。

そして、ワフウフたちは子供の時、出来ないことや分からないことがあるとあーちゃんに叩かれて育ったことを思い出す。

子供ならではの手先の不器用さで出来ないことでさえ叩かれた。

幼い子供に出来ないことやわからないことがあるのと、高齢者に出来ないことやわからないことがあるのと、どう違うの？

あーちゃんが当時、苛立ちを子供達にぶつけた後味の悪さを感じていたかすら、今となってはわからないのに、ワフウフ達には高齢になり認知症で弱った母親に苛立ってしまったことで残るモヤモヤ感。理不尽だよな〜と思ってしまう。

昔を思い出すと、どうしても優しい気持ちで接してあげられない時もある。

ごめんね。

もちろん、あーちゃんに手をあげたりはしないけど。

ただ嫌いなままで放っておけたら、どんなに楽だっただろうと思うよ。

だけど、あーちゃんは毒親だったけれども金銭面では潔癖というか、

「あなたたちに将来お金のことで迷惑をかけることだけはしたくないわ！」

と常々言っていただけあって、預金を蓄え、保険でも十分に備えてくれていた。

それについてはあーちゃんなりの親心を感じている。


……そして、そんなあーちゃんの親心を踏み躙《にじ》って預金を横取りしようとするたんたんの心のなさよ……。

夫としても親としても最悪だな！

モヤモヤして
優しく出来なくて
ごめんね…

COLUMN
4

[本音を言わせてもらえば]

あーちゃんの入浴への抵抗が激しく、近くにいるだけで臭うことが度々あるようになった時、老人ホームのケアマネさんに相談したが、「今以上のことはできない」と言われた。

そして、その話をブログに書いた時には、高齢者施設で働く方から様々なご意見をいただいた。「認知症の方が入浴拒否をされるのはよくあること、それをなんとかするのがプロです」というご意見もあれば、「引きずって入れるわけにもいきません」「ひとりひとりにそこまで手をかけられない」というご意見もあった。

同じケアでも、やるかやらないか、またそのやり方については、施設の方針や状況でそれぞれに違うのだと思う。

ただやはり、家族のワフウフたちとしては、歯磨きも着替えも入浴も出来ない状態のあーちゃんをそのまま放っておかれるのは胸が痛む。

センス良くオシャレにしてほしいとまで望んでいるわけではない。

清潔を保ってほしいだけなのだ。

あーちゃんの抵抗が激しいことはわかっている、それならそれで、それが原因でお風呂に入れていない状態にあるということを情報共有して欲しいだけなのだ。

もちろん、仕事なんだからやって当然、だなんて思っているわけではない。

だが、この言葉に抵抗を覚える方もいらっしゃるだろうし、反感を買うかもしれないけど、本音を言わせてもらえば、**タダで面倒を見てもらっているわけじゃないとも思う。**

コロナさえ流行っていなくて面会や居室への立ち入りに制限さえなければ、自分達でケア出来るから何の問題もないのにな。

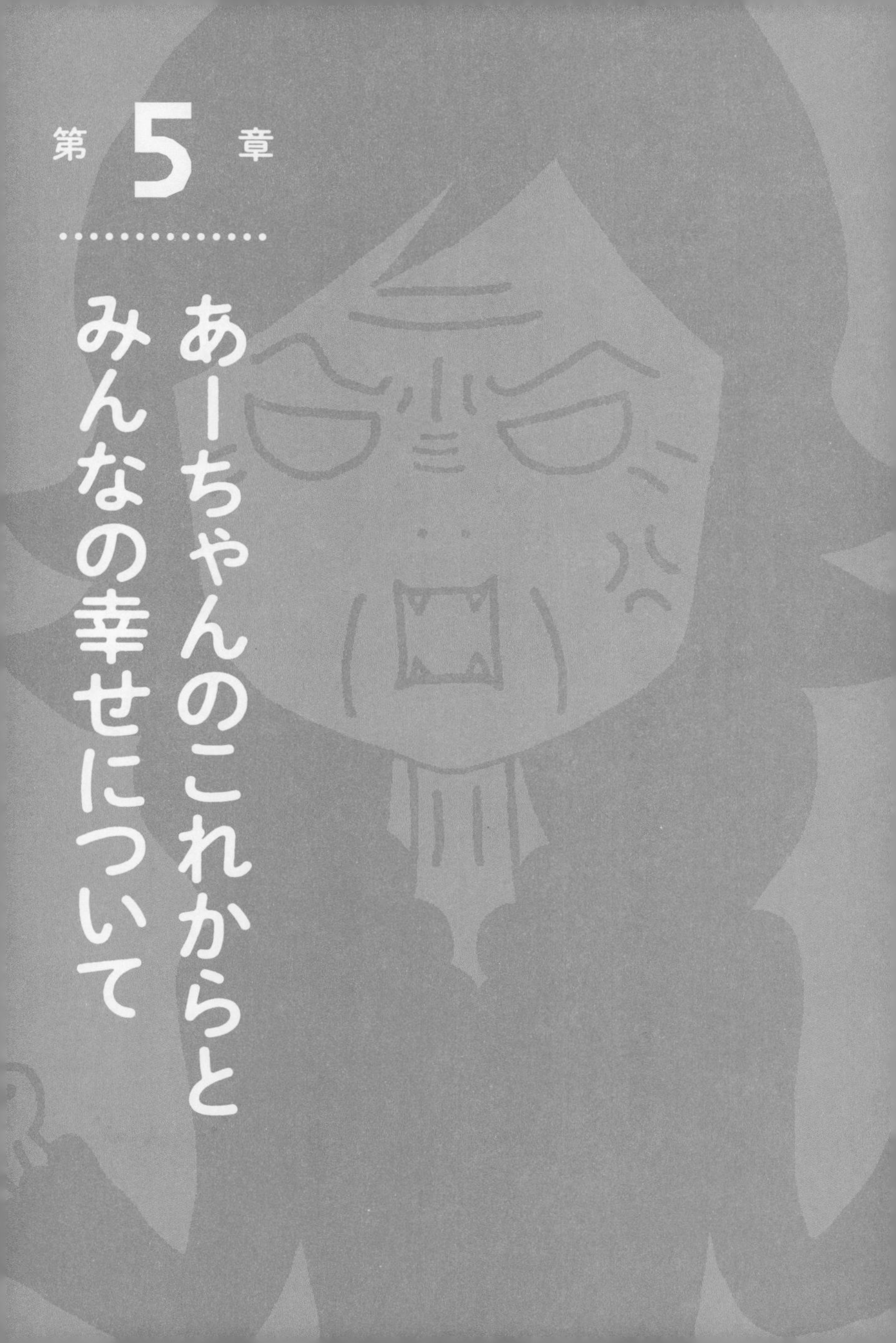

第5章

あーちゃんのこれからと
みんなの幸せについて

身体が動く認知症ならではの大変さ

あーちゃんが認知症になる前はワフウフが介護と言われてイメージするものといえば身体的介助だった。そして認知症のイメージといえば晩年の祖母の魂が抜けたようにただ座って過ごす姿だった。

もしもワフウフと同じように、介護や認知症に対してそういうイメージを持っていたら、動き回り口達者なあーちゃんのフォローなんて介護とは思えないかもしれない。実際、「よく面倒を見ているとは思っていたけど介護だとは思っていなかった」と言われたこともあるし、**「老人ホームに入れておいてよく介護しているなんて言えますね」**と言われたこともある。

でも、コロナ禍になる前は室内の整理整頓や足りない物、必要な物の買い出し、着替えや洗濯のフォローをし、妄想に付き合い、毎日のように一緒に散歩をして過ごしていた。もちろん通院の管理や付き添いもしている。

別に、身体的補助やオシモの世話だけが介護じゃないもん。

動く身体を持つ認知症患者のお世話は案外過酷なのよ‼

自分ひとりで動き回って何でも出来てしまい、だけど判断力は失っているからやる事は破茶滅茶、その上記憶も残らないというややこしさで、それはそれは手がかかるのよ！

身体的な介助が一切なくてもね（しかもたんたんみたいなクズ男付き♡）。

そしてね、身体的に老いていく親を見るのももちろん悲しいけれど、**認知症で人格までもが変わっていく親を見守るのってすごく精神的な負担が大きい**のだ。

介護という概念は人それぞれに違う。

あーちゃんへの手助けは「介護」ではないと感じる方もいるのだろう。それは仕方ないと思う。

ワフウフたちがやっていることなんて、オムツ交換や身体的な介助と比べたら鼻クソみたいなことかもしれない。

だけど、ワフウフたちはあーちゃんが生きていくために必要な生活全般の支援をしていると思っているし、それは介護にあたると思っている。

そして、認知症発覚当時のあーちゃんのように年齢より若く見えて、一見して認知症だとは全くわからない人もいるということ、そしてそういう人のお世話の大変さを少しでも伝えられたらと願っている。

あーちゃん！
恐ろしく足が遅い
待ってよ～！

要介護認定も身体的介護に重きを置かれる現実

あーちゃんは老人ホームに入ってから2度、要介護認定を受けた。

1度目は２０１９年の11月。要介護認定結果は要介護1だった。

どう見ても認知症は進行しているのに、自宅にいた時より要介護度が下がっていることが不思議ではあったが、必要なお世話は施設にしていただいているため、そういうものなのかなと納得した。

そして２度目は２０２２年11月。

要介護認定結果は変わらず要介護1だった。

コロナが流行して面会が叶わなくなり、散歩にも連れ出せなくなってから、あーちゃんはひどく足が弱った。

物につかまらないと立ち上がれなくなった。片足立ちも出来なくなった。

通院時に体重計に乗るだけでも2人がかり。

何よりも、久しぶりに受けたMRI検査で脳の萎縮具合が4段階中4段階目の重度に認知症が進んでいるのに、どう見ても明らかに3年前より全てにおいて手助けが必要となっているのに、

要介護度がまるで変わらないって。

認知症の先生もMRIの検査結果を見てポツリと「だいぶ進んじゃいましたね……」と言っていたのに。


要介護認定って一体何なんだろうね。基準が曖昧過ぎる。

自分で食事ができる、そして自分で排泄ができるという部分が大きいのだろうか。

そして、異臭を放つほどに入浴拒否が激しいあーちゃんなのに、要介護認定調査では、大声をあげたり暴れたりしなければ「入浴拒否：なし」とみなされるんだって。認知症だけ進んでて、それっぽく受け答えだけ出来る人って本当にやっかいよね。

……まあいいのよ、あーちゃんは老人ホームに入っているし、「これ以上のお世話は出来ない」って老人ホームに言われているのに要介護度が上がって支払いだけ増えるのも嫌だしさ。

でもなんか、調査員の方もその調査に立ち会った老人ホームの人も、あーちゃんの実際の状態をどれだけ理解出来ているんだろうと思うとなんだかやり切れないよね。家族の立ち合いはさせてもらえなかったし。

少なくとも、3年前のあーちゃんと今のあーちゃんの状態に差異がないとは思えないんですけど。

だいぶ
進んじゃい
ましたね…

施設に入るのは悪いことばかりじゃない

自宅で生活をされている被介護者は、デイサービスに通ったり、ヘルパーさんに来てもらったりして、家族以外の人たちとの関わりを持っている方が多いと思う。

しかし、1年半前まで自宅にいたあーちゃんは、要介護認定申請の時点からたんたんに邪魔されていたから、あのまま自宅にいてもデイサービスに通ったりヘルパーさんに来ていただくことはなかなか実現しなかったと思う。

あーちゃんの預金を減らさずに自分の物にしたいたんたんは、それを邪魔するあーちゃんの娘たちとの接触も、それどころか通院までも何度も阻止しようと試みた。

自分以外の人間との接点を断とうとしていたきらいがある。

そして、そうじゃなくてもあーちゃんは認知症のため、その時点で昔からのお友達とのコミュニケーションが上手くいかなくなっていたようだった。

ご近所の唯一の仲良しだった方ともいただいたメールに返信ができないままで距離が出来てしまっていたようだし（送信できていない返信メールとおぼしきものがたくさん残されていた）、「機会があればまたお会いしましょう」みたいなやんわりとしたお断りメールを送って来ていた人もいた。

親しくしていただけにあーちゃんの認知症による変化を相手は受け入れ難かったのかもしれない。

ずっと通っていたダンスのレッスンも辞めてしまったので、ダンスのお友達とも関わりがなくなり、昔からのお友達との関係も薄れ、娘たちとの交流は夫にたびたび邪魔され……、あのまま実家で暮らしていたら、もしかしてあーちゃんは今、コロナを口実にたんたん以外との接点を切られて家に閉じ込められていたかもしれない。

そうなったら、判断力も理解力も失ったあーちゃんはたんたんの意のままに動かされて、理解出来ないままに預金を全て取り上げられていただろう。

そう思うとあーちゃんは今、認知症が進んだ今の状態のあーちゃんで違和感をもたない仲良しのお友達を何人も持ち、時々、入居者さんと喧嘩をしたり職員さんに抵抗したりして周りを困らせてしまうことがありながらも、狭くても老人ホームという社会に属して生きる事ができているのだから本当にありがたい。

高齢者が社会との接点を持ち続けることって大切だよね。

老人ホームへの不満を色々と書いたけど施設に入ることも悪いことばかりじゃない。娘目線でするのと同等のケアを求めることに無理があることはわかっているし、栄養管理・服薬管理・安全確認をしていただけるだけでもありがたいと思っているよ。

施設でも、デイサービスでも、ショートステイでも、使えるサービスは使えるだけ使って、介護者が心の余裕を持つことが大事！　きっと、それが被介護者のためでもある。

なかよし

この服 あなたの でしょ
私の洗濯物に 混ぜないでよ!
あなたが 入れたんじゃ ない!?

コロナ給付金を受け取るために得たたんたんのDV認定

2020年、新型コロナウィルス感染症対策のひとつで、国民全員に一律10万円が給付されたのは記憶に新しいと思う。そして、その給付金の申請書が世帯主宛に送付されたのもみなさんご存じの通り。

この、世帯主が家族分まとめて受け取るという形には様々な声が上がっていた。様々なSNSでも「世帯主宛にされると困る！」という声を挙げている方が数多くいた。

あーちゃんもそのひとり。

あーちゃんはたんたんから逃れるために夜逃げならぬ昼逃げをした。

そして、たんたんにあーちゃんのいる老人ホームを突き止められたら困るから、**住民票を移していないのだ。**

給付金を世帯主と分けてもらうには、色々な条件があり、DVもそのひとつだった。

でも、総務省のHPに「配偶者からの暴力を理由とした避難事例の取扱い」というものは載っているけど、何しろ条件が厳しいのよね。接近禁止命令だとか、婦人相談所の証明書だとか。

「暴力」といっても、たんたんは経済的なDVと言葉の暴力、そして薬の管理や食事の管理の協力をしてくれないネグレクトなんだよ。


一番外から分かりにくいタイプのDVなんだよね。


老人ホームにあーちゃんを逃す前、地域包括支援センター、区役所、弁護士事務所、人権団体、あちこちに相談した。

けど、どこも**「婦人相談所」**なんて教えてくれなかった。そもそも「虐待」扱いじゃなかったのかもしれないけど。

相談に行けば証明書はもらえるかもしれないけど、あーちゃんはコロナ禍で外出も出来ないし。

だけど、そのままにしておくと、たんたんにあーちゃんの分の給付金10万円を取られてしまう。

あーちゃんの給付金を渡してくれと言っても、たんたんは決して渡さないだろう。

「10万円は未払いの生活費と相殺する！　渡す必要はない！」

とでも言いかねない。というか、言うだろう。


住んでいないのに毎月請求されている生活費と相殺ってね。


それで、老人ホームのある区や実家のある区、そして地域包括支援センターにも電話で相談した上で、「薬の管理や食事について夫の協力が得られない」と書いてある病院の診断書や、地域包括支援センターとのやり取りの記録、弁護士さんとのやり取りなど、たんたんの非道な行為に関して相談した記録をすべて添付して、あーちゃんの給付金は世帯主ではなくあーちゃんがもらえるように申請してみることにした。

地域包括支援センターと実家のある区との、あーちゃんに関するやり取りの記録はあるようで、老人ホームのある区からそれを確認してくれるというし、当時はなかなか動いてくれない地域包括支援センターにイライラしたものだけど、もう手を離れた案件だというのに地域包括支援センターの方が老人ホームのある区へ事情を説明して次の(1)から(3)までに掲げる要件のいずれかを満たすこととする。

(1) 申出者の配偶者に対し、配偶者からの暴力の防止及び被害者の保護等に関する法律（平成13 年法律第31 号。以下「配偶者暴力防止法」という。）第10 条に基づく保護命令（同条第1項第1号に基づく接近禁止命令又は同項第2号に基づく退去命令）が出されていること。
(2) 婦人相談所による「配偶者からの暴力の被害者の保護に関する証明書」（地方公共団体の判断により、婦人相談所以外の配偶者暴力対応機関が発行した確認書を含む。）が発行されていること（確認書を発行する際は別紙様式1を参考とすること）。
(3) 基準日の翌日以降に住民票が居住市区町村へ移され、住民基本台帳事務処理要領（昭和42 年自治振第150 号自治省行政局長等通知）に基づく支援措置の対象となっていること。

くれると言ってくださった。本当にありがたい！

そして後日、あーちゃんの給付金は、

無事にあーちゃん個人での受け取りが認められた‼

あーちゃんの給付金をたんたんに独り占めされないで、あーちゃんが自分で受け取れるのがとても嬉しい。

……そして、あーちゃんが自分で受け取れるのが認められたという事は、たんたんがあーちゃんにしてきた事が、公にＤＶと認められたという事なので、何よりもそれが嬉しい。

ずっとたんたんと戦ってきた。あちこちに相談した。

だけど、暴力を伴わないＤＶは保護の対象にはならなくて、相談に乗ってはくれてもどこも動いてはくれなかった。

糖尿病で認知症のあーちゃんが薬の服用やまともな食事が出来ていないことは命取りなのに、ヘルパーさんを頼もうにも要介護認定からたんたんが邪魔して来たのに、**それでも緊急性がない**とされた。

だから、やむをえず老人ホームに入れることにした。

悔しい思いももどかしい思いもたくさんしたけど、**給付金をあーちゃん個人で受け取れるという思わぬ形でたんたんのDVが世に認められて報われた気がしたよ。**

たんたん、申請書にあーちゃんの名前がなくて悔しがるだろうねえ。

きっと、区役所に住民票を確認しに行くと思うよ。そして、あーちゃんの住民票がそのままになっていることに首を傾げるんだろうなー。

悔しがるが良い……！

やっ
たあ
どうして
あーちゃんの分の
給付金がないんだ…！

成年後見制度の法改正に思うこと

ここ最近、何度か「成年後見制度」についてのニュースを見かけた。

現在この制度を問題なく利用されている方はもちろんいらっしゃるだろうし、それはそれでもちろん良いのだけど、法改正の動きが出て来ているくらいだから、やはりなんらかの問題もあるのかなと思う。

以前、たんたんがあーちゃんの預金を自分のものにしようとあれこれ画策していた時、ワフウフ達も成年後見制度を利用しようと考えた時期がある。

しかし結局色々あり、利用を見送ることにした。

親類全員の同意があり、後見人に家族がなれるのならば問題は少ないのかもしれない。そして、高齢な親の後見人になるのは長子であることが多いのかもしれない。

しかし、うちの場合はたんたんがやる気満々だったので子供を後見人にすることには同意しなかったと思う（たんたんは高齢なので裁判所から後見人に任命される可能性は低いと言われたけど……それでも！）。

そうなると、後見人には裁判所に任命された弁護士さんなどがなる。

そこに大きな不安があった。不安というのは……

不安①あーちゃんに必要なお金の使い方が他人である後見人のさじ加減一つで決まってしまい自由にならない場合がある。

当時集めた情報では、それまでずっと飲んでいたサプリメントが後見人に「必要なし」と判断されて購入できなくなった例もあった。

現在のあーちゃんで考えると、ワフウフ達は面会のできない中、少しでもあーちゃんとの交流を増やしたくてアレクサを購入して居室に置かせてもらったけれど、それだって後見人に「必要なし」と判断されたら購入出来なかったかもしれない。

後見人は当然
配偶者である僕だ！

後見人報酬を払う上に、あーちゃんがお金を自由に使えなくなるって事？
たんたんにあーちゃんのお金を使わせたくないだけなのに……

そもそも3年前にあーちゃんの老人ホーム入居すら「必要なし」と判断されたら入居金が払えなかったかもしれないよね。

不安②あーちゃんが生存する限り、後見人報酬が発生する。

報酬額は被後見人の預金額によるけれど月2万円程度と言われている。つまり、年24万円かかる。そして、後見人報酬以外にも、後見人にも段階があり、当時あーちゃんは「保佐人相当」と言われていたのだけど、認知症が進み「保佐人」から「後見人」に変更が必要な場合、再度手続きが必要でそのための料金も発生すると聞いた。

不安③どんなに後見人のやり方に不満があろうと交代の要望が通ることはほぼない。

あーちゃんとたんたんの離婚調停の時の調停員は男尊女卑の塊みたいなヤツだったんだけど、そういうヤツがもし後見人になったら最悪！

結局、

「後見人報酬を払う上にあーちゃんのお金を（あーちゃんのためでも）自由に使えなくなるってこと？」

「たんたんにあーちゃんのお金を使わせたくないだけなのに……」

と、思ってワフウフたちは後見制度の利用をやめたのだけど、当時は地域包括支援センターでも区役所でも病院でもどこでも、そして色々相談に乗っていただいた弁護士さんからも、後見制度の利用を強く勧められたので何度も心が折れそうになった。

だけど今、法改正の動きが出ている事や、あーちゃんが老人ホームに逃げて以来、想定以上にたんたんの動きが鈍ったこと、それに、長い目で見て後見人報酬も馬鹿にならないことを考えるとやっぱり成年後見制度を利用しなくて良かったと思っている。

2025年には国民の5人に1人が75歳以上の超高齢化社会を迎えるこの国で、高齢者を支えやすくなるよう、もっとより良く制度を整えていってほしいと切に願う。

あーちゃんがこつこつと貯めてきたお金はあーちゃん自身のためだけに使いたい。
これから何が起きるかわからないからこそ、お金を無駄に縛られたり使われたりしたくないよね。

たんたんにずっと虐げられて人生を送ってきたあーちゃんに、老後くらいは安穏と過ごして欲しいと思って、ワフウフ達は自分達であーちゃんの預金を守っているよ。

あーちゃんの幸せは、今や食べることと寝ることとオシッコすることらしいけどね……。

ここはとっても楽ちんなのよ♡ご飯食べて、寝て、
オシッコしていたらいいのよ♡

認知症患者の側から世の中を見直してみる

普段は認知症の母を持つ娘の立場からブログを書いているワフウフだけど、認知症の人側からの見え方を考えることがよくある。

あーちゃんには散々手を焼いてきたけれども、認知症の自覚がないあーちゃんからしてみれば、突然周りから認知症扱いされて、ただ話しているだけなのに（何十回も繰り返すから）イライラされ、ちゃんと管理している（つもりの）コツコツ貯めてきた自分のお金を「もう自分で持つのは無理だよ！」と取り上げられ、「1日2枚」と決めて食べている（つもりの）オヤツのクッキーも「もう食べたでしょ！」と食べさせてもらえず（笑）、自分でなんでも出来て生活している（つもりな）のに老人ホームへ入れられて、住み慣れた自分の家にも帰れない。

そう考えたら、そりゃあ抵抗するよねえ。

ワフウフだってきっと抵抗するわ。だって誰だって出来るならなんの気兼ねもなく、気ままに慣れた暮らしを送りたいもんねえ。**「たんたんから離れる」**という口実があったから、あーちゃんは老人ホーム入居に抵抗を見せない方だったと思う。

ワフウフは疲れた時に時々、あーちゃんが老人ホームに入る時の面談の、ケアマネさんの言葉を思い出してあーちゃんに対してイライラした自分を省みる。

「自分だったら『今日からここがあなたの家です』って言われて、他人の前で裸になってお風呂に入れます？　抵抗を感じない人なんていませんよね？」

本当にその通りだと思うのよ。

不穏になったり抵抗されたりして、あーちゃんにイライラしたりげんなりしたりす

ることも多いけど、あーちゃんこそきっと、本当は納得がいかないことでいっぱいの中、折り合いをつけて

一生懸命に生きているんだよね。

認知症であっても感情もあれば、辻褄は合わなくてもその人なりの理屈もあることをちゃんと理解しなくちゃいけないなと思いつつ……、きっとすぐまたあーちゃんとの電話でイライラしちゃうんだろうけどねー！（笑）

結局のところ、イライラしてしまうのは、無意識にでも親に昔のまま元気でいて欲しいと望んでしまうことで、過度に期待してしまうからなのかなと思う。

忘れてしまうのではなく、覚えられない。

筋力が衰えてシャキシャキと歩けない。

それをヤイヤイ言ってもね……。

認知症が進行し、歳なりに身体が衰えていっているあーちゃんに酷なことを押し付けているだけなのかもしれないよなー。

もう食べちゃダメ!!
「1日2枚」を何回食べるのよ〜

自分だったら「今日からここがあなたの家です」と言われて、他人の前で裸になってお風呂に入れます?
抵抗を感じない人なんていませんよね?

お互いが楽でいられることが大事

認知症の人は調子が良い時と悪い時の差が激しく、情緒的にも体力的にもかなり不安定なことが多い。

精神状態と体調は連動しているが、どちらが先に調子を崩したのかといえば、それはもう鶏と卵みたいな話だ。

結局のところ、認知症の進行が関係しているんだと思う。

認知症の進行スピードに個人差はあるけれど、認知症の進行とともに記憶力や判断力といった認知機能だけではなく、身体の機能も落ちていくのは誰もが同じ。

身体の働きに指令を送っているのは脳なので、脳自体の機能が落ちれば身体へ指令を出すこともスムーズにはいかなくなるのだろうね。

あーちゃんがひどく疲れやすくなったもそのせいなのかな。

今までずっと、何かを決めるときにはなるべくあーちゃんの意思を尊重し、あーちゃんのプライドを傷つけないように気をつけながら正しいと思われる方向に誘導してきた。だけど、あーちゃんの意思を尊重すると言っても……今のあーちゃんにはもう正しく理解する力も正しく選択する力もないし、さらには自分で決めたということすらも覚えていられない。

あーちゃんのためにどうしてあげるのが正しいことなのか、よくわからなくなってしまうことがこの頃増えた。だって、

介護って「自分のこと」じゃない。

「人のこと」を決断しなければいけないんだもん。

だから難しい。「人の人生」が自分の選択によって全く違うものになってしまうかもしれない。もしかしたら、命の長さまでもが。

そして……介護者として物事を選択する場合、どうしても自分の都合も選択肢に関わってきてしまう。

例えば仕事は辞められないとか、このまま通いで世話をするのは自分もしんどいとか、もっと子供との時間を持ちたいとか……。

そういう事を考えると、悩んだ末に本人のことを思って決めたはずのことでも「もしかして自分に都合の良いように決めてしまったのだろうか……」とふと頭をよぎることがどうしてもあるのだ。

そんな時、診察で認知症の先生に言われた

「本人の意思を尊重するとかより、いかに本人も周りも楽に生きられるかですよ」

という言葉がなんだか心に沁《し》みた。

良かれと思ってあーちゃんが延々と話すたんたんの悪口を聞いてあげていたけど、それがフラッシュバックを引き起こしたりと、あーちゃんの意思を尊重することが必ずしも良い結果を生まなかった時に、落ち込むなーにゃんとワフウフにかけられた先生の言葉。

あーちゃんに合わせて曖昧な相槌を打ったり、辻褄を合わせるために会話にさりげ

本人の意思を
尊重する
とかより、
いかに
本人も周りも
楽に生きられるか
ですよ！
せんせえええええ…！

なく嘘を散りばめたり、そういうのもなんだか認知症の人を馬鹿にしているみたいで罪悪感を持つこともあったけど、それであーちゃん本人もそれを支えるワフウフ達も、両方楽になるのならそれが何より本人のためなのかな、と思うようにしている。

お薬の力も然《しか》り。

あまり強い薬は飲ませたくない。けれど、あーちゃんの気持ちが楽になって、それで周りとも上手くやっていける状態になるのならば、薬の力を借りるのも悪いことじゃないよね。幸いなことにあーちゃんの認知症の先生はあまり強い薬も使わないし、薬の数も必要以上に増やさないであーちゃんの状態に合わせて微調整してくださるし。

いつまで続くか分からない介護だからこそ、楽な気持ちでどーんと構えていられるようでいなくちゃなーと思う今日この頃。

口で言うほど簡単じゃないんだけどね。
すぐあーちゃんの荒波に揉まれちゃうワフウフたち。

ざっぱーん

あーちゃんの今、そしてこれからを考える

あーちゃんの母親、つまりワフウフ達の祖母は元武家の娘だった。

そのせいか、それとも元々の気質なのか、女性でありながら豪胆な人であった。裏を返せば細やかで女性らしいところがない人であった。

祖父が闘病の末亡くなった後、祖母は、

「私は出来ることは全てやったからなんの後悔もありません！」

と言い切った。その時それを聞いてワフウフは「なんて漢《おとこ》らしい……！」と驚いた。

祖母はおそらく祖父の命の灯火を少しでも永らえるために色々な治療の選択をしただろう。「あの時ああしておけばよかった、こうしておけばよかった」と思い返すようなことはないのだろうかと驚いたのだ。

だけど、なーにゃんとワフウフもあーちゃんに関して今のところ後悔していることはない。これから何があるかはわからないし、今のところはの話だけど。

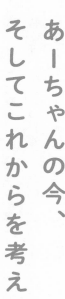

少なくとも、ワフウフ達は認知症になる以前のあーちゃんの望み通りに行動していると思っているので、あーちゃんを老人ホームに入れたことも後悔していない。
あーちゃんは認知症になるずっと前、「たんたんとふたりで暮らしたくないし、娘たちに面倒はかけたくない」とサ高住（サービス付高齢者住宅）のパンフレットを自身で取り寄せていたこともあるんだよね。

あーちゃんが認知症になる事はもちろん防ぐことは出来なかったけど、たんたんからあーちゃんを庇《かば》い、たんたんからあーちゃんのお金を守り、**あーちゃんの望む「娘たちから愛される私♡」という環境**を作れていると思う。

今やあーちゃんは、たんたんに嫌な印象を残しつつも具体的に何をされたのかは忘れてしまったので、自分が老人ホームで暮らし始めた経緯も忘れて
「私ってどうしてここに来ることになったんだっけ？」
と言い、時々はたんたんの生死すらわからなくなり、自分が記憶を保てないという不安や自覚も全くなくなり（むしろなんでも自分で出来ていると自信満々）、足元がおぼつ

…そういえば
私って
どうしてここに
来ることになったん
だっけ？

かなくなっても、ありがたいことに膝や関節のどこかに痛みがあるわけでもなく、何もしないで3食食べられていつでも好きな時に寝られることをありがたがってる。

あーちゃんは案外、今がいちばん幸せなのかもしれない。

と、最近思うんだよね。

ただ……これから、命に関わる選択をしなくてはならない事があった時には、やっぱり後から色々思うところが出てくるのかな。

あーちゃんは認知症になる前、**「延命治療は一切しない」**と公言していた。だからもちろんそれを尊重するつもりではあるけれど……ちゃんとそうしてあげられるかなあ。

あーちゃんの人生や命を決めるための選択をする責任は重いけど、なーにゃんと2人でよく相談して最善の選択を続けていって、亡き祖母のように潔らしく

「なんの後悔もない！　私たちやり切った！」

と、言えるようでありたいな～。

なんの後悔も
ない!!
私達、
やり切った!!

COLUMN

5

[自分でもわからない]

「なぜ毒親だったあーちゃんの面倒を見る事が出来るのですか」

と聞かれることがよくある。


何よりもやはり、あーちゃんが認知症になったことで娘たちを頼りにする可愛らしいおばあちゃんに変貌したことは大きいと思う。

そして、たんたんという共通の敵がいた事で、余計にあーちゃんを守らなければという意識が強まったというのもある。

そう言ってしまうと身もふたもないのだけど、**行きがかり上、乗りかかった船を降りられなかったというか（笑）。**

あんなに辛い子供時代を送る原因となったあーちゃんを完全に許したのかと聞かれたら、やっぱりどうしても許したとは答えられない。

ワフウフたちには、もっと幸せな子供時代を送る権利があったはずだ。権利の侵害だ！（たんたんかよ）

でもね、今のあーちゃんを見ていると、とてもあの支配的な毒親だったあーちゃんと同じ人だとは思えなくて、もしかしてあーちゃんはたんたんなんかと結婚しなければこんなに可愛い人だったのかなと思うと同性として気の毒にさえなってしまうのだ（まあ、どのみち母親には向かない人だったかもしれないが……）。


DV夫・たんたんにされてきたひどい事も、自分が娘たちにしてきたひどい事もすっかり忘れてしまい、自分だけ（笑）幸せそうなあーちゃん。

恨み辛みのぶつけようがなくてその不毛さにあがく自分がいるのも確かだけど、親子としてというよりあーちゃんという人間と向き合うことで、あーちゃんとの人間関係をやり直しているのかもしれないと感じている自分もいる。


介護が終わった時、あーちゃんに対して何を思うのだろう。

子供時代に受け、今もなお疼《うず》く痛みは消えるのだろうか。

まてまてー
通帳を渡せー！
ほほほ
おほほほ
あたくしを
捕まえてごらんなさーい♡

あとがき

あーちゃんの認知症に気付いてから丸6年経った。

あっという間の6年だった。

だけど、変わりゆくあーちゃんを目の前で見続け、認知症という悲しい病気を思い知るには十分な時間だった。


何も出来なくなっていくあーちゃんに何もしてあげられない歯痒《はがゆ》さに涙したこともあれば、自分が認知症だという自覚がなく、言うことをきいてくれないあーちゃんに手を焼き、やってられないと投げ出してしまいたくなった事もたくさんあった。

だけど、たんたんとの攻防戦をなんとか制し、幸いにもあーちゃんは今、それまでにあった辛い出来事をすっかり忘れ、子供のように次のごはんの時間を楽しみにする平和な毎日を老人ホームで送っている。


親を老人ホームに入れることについて苦言を呈して来る人もいる。

だけど、介護はきっと、百人いれば百通りあって、どの介護が正解だということはない。それぞれのやり方がある。それぞれのやり方でいいのだ。

夫婦と同じように、介護者と被介護者の間でしかわからない事はきっとたくさんある。人にとやかく言われることじゃないんだ。

つい怒ってしまうことだって、泣きたくなることだってある。
みんな悩んだり後悔したりを繰り返しながら日々介護をしていると思う。だけど、悩んだり後悔をするのはそれだけ真剣に、親身になって被介護者に接しているからだ。

きっと、一生懸命に悩み抜いて決めたことはその時々のベストな選択で、決して間違っていないと思う。きっと、何度やり直しても同じ状況になれば同じ選択をするのだと思う。

ワフウフなんかよりももっとずっと大変な介護をされている方も、これから始まりそうな介護の気配に怯える方も、介護が手から離れた方も……、みんな頑張ってる！　頑張ろう！　頑張った！
きっとそれでいいんだよ。

【著者プロフィール】
ワフウフ
アラフィフの主婦
昭和を引きずる夫、大学生の長男長女の四人家族。実母のアルツハイマー型認知症発覚をきっかけに、忘備録として2018年よりアメーバブログ「アルツフルデイズ」を開始。「介護日記」ジャンルで人気を博す。2019年一般の部でブログ・オブ・ザ・イヤー受賞。2020年に公式トップブロガーに認定される。実母の生活のフォローに姉とふたりで四苦八苦する毎日を、イラストと笑いと、ほんのり毒を混ぜながらブログに綴る。

アルツフルデイズ　笑いと涙の認知症介護

2023年5月7日　　初版発行

著　者　ワフウフ
発行者　太田　宏
発行所　フォレスト出版株式会社
〒162-0824 東京都新宿区揚場町 2-18　白宝ビル 7F
電話　03-5229-5750（営業）
　　　03-5229-5757（編集）
URL　http://www.forestpub.co.jp

印刷・製本　萩原印刷株式会社

ISBN978-4-86680-226-8　Printed in Japan